집

집

1판 1쇄 인쇄 2012년 2월 10일
1판 1쇄 발행 2012년 2월 15일

지은이 | 박영희 외
펴낸이 | 정은숙
펴낸곳 | 마음산책

편집 | 심재경·배윤영·이승학·정인혜   디자인 | 정은화·이혜진
마케팅 | 권혁준·이연실   경영지원 | 박해령

등록 | 2000년 7월 28일(제13-653호)
주소 | 서울시 마포구 서교동 395-114 (우 121-840)
전화 | 대표 362-1452 편집 362-1451   팩스 | 362-1455
홈페이지 | http://www.maumsan.com
전자우편 | maum@maumsan.com

ISBN 978-89-6090-126-1 03810

* 책값은 뒤표지에 있습니다.

■ 이 도서의 국립중앙도서관 출판시도서목록(CIP)은
e-CIP 홈페이지(http://www.nl.go.kr/ecip)에서 이용하실 수 있습니다.
(CIP제어번호: CIP 2012000433)

집

박영희 외

마음산책

□ 차례 □

박애자　들깨를 털며 · 9
　　　　조팝꽃 · 13
　　　　봄 · 17

박수정　기억 속 집 · 21

홍구보　기다리는 집 · 41
　　　　아버지의 칠판 · 53

전희식　전날 내 인생의 성적표, 황금 똥 · 63

강도운　언젠가는 · 79
　　　　샹그릴라 · 85

양문규   자연 그대로의 길 천태산 은행나무 · 93

박모니카   풍죽도 · 109

신경자   뚜비 · 121
             월명암 · 126

르포
박영희   고속도로 위 바람집 · 133

박애자

박애자

2009년 격월간지 〈에세이스트〉에 「동백」을 수록하며 집필을 시작했다. 「곤줄박이」 「살구나무집」 등 다수의 수필을 발표했다.

들깨를 털며

 지난해 자두나무 캐낸 자리에 들깨를 심었다. 일도 쉽고 소득도 괜찮다는 지인의 권유에 밭갈이를 하여 두둑을 만들고 비닐을 덮어씌운 후 씨를 묻었다. 새 떼 등쌀에 파종을 몇 번 하긴 했지만 쑥쑥 잘 자랐다. 여름내 초록 물결을 이루던 들깨밭이 가을이 되자 큰 키를 지탱하지 못하고 쓰러졌다. 미처 여물기 전 넘어진 들깨는 짙은 향기만 뿜어낼 뿐 기운을 잃고 누웠다. 쓰러진 들깨 대궁을 일으켜 세워 베느라 몇 배의 힘이 들었고, 한 가닥씩 잡고 낫을 갖다 댈 때마다 낟알은 떨어져 흩어졌다. 당연히 수확은 기대에 미치지 못했다.
 올해 다시 들깨를 심었다. 우선 모판에 씨를 부은 후 맨땅에 모종을 옮겨 심는 방식을 택했다. 그렇게 하면 뿌리도 튼튼

하고 강한 내성으로 적응력도 뛰어나다는 주변의 조언을 들었기 때문이다. 대부분의 농작물은 수분 증발과 잡초 억제를 위해 비닐 멀칭을 한다. 그러나 들깨는 척박한 땅에서도 잘 자란다. 웃자람이 자칫 부실한 결실로 이어질 수 있으니 굳이 비옥한 땅을 고집할 필요가 없는 작물이다. 지난해 질식할 것 같다고 소리치던 흙의 아우성과 달리 비닐을 덮지 않은 밭에는 건강한 흙의 숨소리가 들리는 것 같다. 모종은 손으로 뽑아 올리듯 잘 자랐다.

밭골을 타고 서너 포기씩 묻으니 모종을 옮겨 심는 일은 생각보다 쉬웠다. 달아오른 칠월 볕이 밭고랑을 지나자 축 늘어진 들깨 모가 코를 박고 있다. 젖도 떼지 못한 아기가 엄마 품을 벗어난 것처럼 아직 뿌리내리지 못한 들깨는 심한 낯가림에 고개도 들지 못한다. 땡볕에 시난고난하던 모종이 때맞춰 내린 비에 빳빳하게 고개를 들고 허리를 일으켜 세웠다.

과수원 일이 바빠 오랜만에 들깨 밭에 갔다. 밭은 여름 깃발 아래 초록 군단에게 점령되어 있었다. 들깨 밭인지 풀밭인지, 고랑인지 두둑인지 숨구멍 하나 없이 빼곡하였다. 비닐을 덮지 않은 밭고랑에는 잡초가 제 세상인 양 활개를 치며 주객이 전도되었다. 그늘 한 점 없는 땡볕 아래 밭고랑을 타고 앉아 밭매는 일은 고스란히 내 몫이었다. 뽑고 돌아서면 고개를 쳐드는 잡초의 극성도 조금씩 가지가 벌기 시작할 즈음 끝났다. 뻗은 가지는 순을 칠 때마다 기하급수적으로 늘어났고, 종일 들깨 향을 묻히며 지낼 동안 불어난 곁가지는 절구통처럼 빵빵해졌다.

들깨는 메마른 땅에서도 잘 자라 다른 작물보다 농사짓기가 수월하다. 생존력이 강해 새 뿌리가 잘 내리기 때문에 자리를 옮겨줘야 하고, 거름기 없는 척박한 땅에서도 두어 번 등을 다독여주기만 하면 잘 자란다. 들깨는 순을 쳐주지 않으면 더부룩한 가지를 약한 뿌리가 견디지 못해 쓰러진다. 더 단단해지기 위해서는 가지가 잘려나가는 아픔쯤은 참을 줄 안다.

야성이 강한 들깨 생리를 모른 채 다른 작물처럼 비닐을 덮고 비료를 주면 잘 자랄 줄 알았다. 그러나 모든 식물은 제 나름의 특성이 있고 특성에 따른 재배법이 다르다. 거름과 비료도 넘치면 뿌리가 썩고 키가 웃자라 열매가 부실한 것을, 과유불급이라지 않던가. 조급함도, 과욕도 버리고 느긋하게 지켜봐 주는 것, 그래서 들깨는 게으른 농부가 짓기 좋은 농사인지 모른다.

산에 핀 구절초 한 포기를 베란다 화분에 심은 적이 있었다. 함초롬하고 은은한 향이 좋아 옮겨온 것이다. 양지바른 곳에 앉아 주인이 주는 물을 마음껏 먹어도 구절초는 시름시름

앓더니 이내 숨을 거두고 말았다. 뿌리를 옮기고 순을 쳐줘야 잘 자라는 들깨와 달리, 구절초는 처음 뿌리내린 곳이 제자리라는 것을 몰랐다. 수돗물 한 바가지보다 바위틈 바람과 이슬 한 모금이 더 간절했을 구절초. 그걸 모르고 뽑아왔으니 내 무지가 빚은 결과였다.

세상에 존재하는 생물은 각각 다른 속성대로 자신의 삶을 살아간다. 속성에 맞게 본성대로 살아가는 것이 자연스럽고 그런 삶이 가장 아름답다. 식물인 들깨와 구절초도 이렇게 다르듯이 성격과 외모가 다른 우리네 삶도 각양각색이다.

꽃 진 자리 꼬투리마다 가득 들깨가 여물어간다. 누르스름하게 여문 들깨를 베어 눕힌다. 가지런히 누운 들깨 대궁을 들썩이며 바람이 지나가자 천지에 들깨 향이 진동한다. 넓은 비닐천 위에 세워두었던 마른 깻단을 풀어 타작을 한다. 파란 하늘을 한 바퀴 돌아온 도리깨가 내리칠 때마다 '쏴아' 깨알이 여름 소나기처럼 쏟아진다.

조팝꽃

조팝꽃이 지고 있다. 밭일하고 오던 길가에서 꺾은 꽃이다. 유리병에 꽂아둔 지 채 사흘도 견디지 못하고 져 내린다. 밥풀처럼 붙은 자잘한 꽃송이는 가난한 집 처녀 무명 저고리처럼 소박해서 좋다. 거실 한쪽에서 소신공양하듯 꽃을 피우고 조용히 떨어지는 몸짓이 애잔하여 자꾸 눈길이 간다. 조팝꽃은 필 때보다 흰 눈처럼 질 때 마음이 더 끌린다.

사계절 중 나는 봄을 싫어한다. 황사 바람이 불기 시작하면 피부는 알레르기로 고통스럽다. 알레르기란 어떤 것에 대한 거부 반응이거늘, 그렇다면 분명 몸도 봄을 거부한다는 의미다. 나른한 봄볕에 나가 농사일을 해야 하는 것도 달갑지 않지만, 사방 넘치는 활력과 생명력을 느린 걸음이 따라가지 못한다. 하지만 정말 봄을 싫어하는 건 정작 다른 이유에서인지 모른다.

봄이 되면 집집마다 쌀독 긁는 소리가 들렸다. 푹 삶은 보리쌀에 드문드문 섞어 먹던 쌀이 다 떨어지면 춘궁기의 시작이다. 보리가 익기 전까지 양식을 늘려야 하는데 어느 날 둥천에 튀밥 아저씨가 전을 폈다. 동네는 고소한 튀밥 냄새가 진동을 하지만 밥해 먹을 쌀도 없는데 주전부리로 쌀을 퍼내다니 가당치 않은 일이다. 고방에 있는 쌀 한 됫박을 푹 떠 내주면 얼마나 좋을까만 할머니를 졸라도 어림없다. 먹고 싶은 것을 참아야 할 때는 마음의 허기까지 겹쳐 더 배가 고프다. 참꽃을 따 먹고 찔레 순을 꺾으며 풋보리가 익기를 기다렸던, 가난한 봄은 잔인한 계절이었다.

봄꽃들이 사방에서 펑펑 터질 때도 조팝꽃은 조신하게 기다린다. 그러다가 좁쌀 같은 몽우리가 톡톡 가지를 흔들며 조용히 핀다. 시린 흰빛은 옥광목 한 필을 펼쳐놓은 듯 눈부시다. 조팝꽃을 보고 있으면 쌀 튀밥 생각이 난다. 입에 넣으면 혀에 감길 듯 부드러운 튀밥은 어릴 적 간식으로 으뜸이었다. 까만 콧구멍을 닦으며 풍로를 돌리던 아저씨, 통발 속으로 쏟아지던 튀밥, 귀를 막고 기다리는 아이들, 이 장면은 늘 기억 속 삽화 한 장으로 걸려 있다.

우리는 논보다 밭이 더 많았다. 농촌에서 부의 척도는 논마지기 수와 비례했으며 밭작물은 쌀을 능가할 수 없었다. 쌀이 농가의 경제이며 논농사가 늘 우선이었다. "이장 집에 가서 말斗 빌려 온나."

희붐하게 동이 트면 맷방석에 쌀을 쏟아놓고 더러 섞인 깜부기나 왕겨 같은 걸 골라내던 할머니가 나를 깨운다. 마을에는 곡식을 계량하는 말이나 저울이 고작 한두 개 정도밖에 없었기 때문에 차례를 기다려야 했다. 차례가 되어 빌려 온 말 속에 할머니는 준비해놓은 쌀을 붓는다. 위로 봉긋 올라온 쌀은 나무 막대로 싹 밀어내고 정확하게 계량하여 자루에 담는다. 할머니의 동작은 어떤 의식을 치르는 것처럼 경건하였지만, 나는 할머니 몰래 바닥에 떨어진 생쌀 한 줌에 정신이 팔려 있었다.

"생쌀 먹으면 에미 죽는다."

할머니는 매번 겁을 줬지만 씹을수록 고소한 그 맛을 뿌리치지 못했다.

할머니는 장날이면 쌀자루를 이고 재를 넘었다. 할머니 정수리를 누르던 쌀이 등록금이 되기 위해서는 쌀보다 보리쌀 비율을 더 늘려야 했다. 거뭇한 보리밥 속에 숨어 있던 가난은 이즈음 더 선명했고 적막한 산에는 조팝꽃이 지고 있었다. 요

즘은 쌀이 넘쳐난다. 쉰밥도 물에 씻어 먹던 시어머니와 쌀자루에 고개가 휜 할머니가 신주처럼 모셔온 쌀이다. "밥버러지는 밥이 최고여, 밥이 보약인기라." 꽃 중에 나락 꽃이 제일이라던 할머니는 지금 조팝꽃이 무더기로 핀 산에 계신다. 고봉으로 담긴 하얀 쌀밥 같은 조팝꽃을 배부르게 보고 계실까.

   꽃을 쓸어 모은다. 쌀을 엎질러놓은 것처럼 조팝꽃이 수북하다. 쌀밥 한 그릇을 앞에 둔 듯 포만감이 밀려온다. 오늘은 금방 지어 자르르 윤이 흐르는 밥 한 그릇으로 헛헛한 속을 한번 채워볼까. 조팝꽃이 봄을 지우고 간다.

봄

어느새 꽃이 진다. 산수유가 피고 목련이 지고, 개나리가 피고 진달래가 지고, 꽃들의 수다는 계속되었다. 구름처럼 핀 벚꽃, 와아~ 꽃들이 내지르는 함성도 잠시 화르르 져 내린다. 꽃이 진다는 것은 소멸이 아니라 완성이라고 한다. 그렇다면 낙화는 끝남이 아니라 새로움을 위한 사라짐이 아닐까. 무언가의 배경이 되었다가 조용히 떠나가는 것들, 봄의 배경이 된 꽃, 그것만으로 꽃의 존재 이유는 충분하다.

친구가 매화차를 보내주었다. 뜨거운 물에 마른 꽃을 넣었다. 찻잔 속에서 서서히 꽃잎이 열리자 짙은 향기가 방 안에 가득하다. 따뜻한 차가 목구멍 깊숙이 타고 흐르니 봄을 다 들이마신 듯 진한 향에 취한다. 매화차를 마시고 매화 향기 같은 글을 쓰라는 바람이었으리라.

"글 쓰다가 안 풀리면 매화차 한잔 마시고 해."

친구의 말에서도 향기가 난다. 꽃송이 하나하나를 따서 말린 정성이 지극해 몇 번을 우려 마셨지만 글 한 편 쓰지 못한 채 봄을 보내게 되었다. 그러나 깊고 은은한 차 맛을 즐길 때마다 몸 어딘가에서 매화 한 송이 필 것 같은 착각에 젖었다.

지난봄, 친구는 암에 걸린 것을 알게 되었다. 무척 밝고 건강한 친구였는데……. 너무 놀라 무거운 마음으로 며칠을 보냈는데 정작 본인은 담담하게 내색조차 안 했다. 그동안 항암 치료에 매달려온 친구가 얼마 전 정상 판정을 받았다며 문자를 보내왔다. 지난봄 시작한 항암 치료가 이 봄에 끝난 것이다.

"이제 갸들하고는 상종도 말어."

내 말에 친구는 매화꽃처럼 환하게 웃었다. 그동안 힘들었을 치료와 마음 졸이며 결과를 기다린 친구의 얼굴이 떠올랐다. 눈부신 이 봄을 더 오래 붙들어두고 싶어 매화차를 보냈을까. 친구의 아픈 상처가 꽃이 되어 향기로 피어나길 바라며 찻물을 올린다.

박수정

박수정

1994년 단편소설 「우리 다시 만날 때」로 집필 활동을 시작했다. 르포 작가로 활동하며 『세계의 꿈꾸는 자들, 그대들은 하나다』 『내일로 희망을 나르는 사람들』 『버려진 조선의 처녀들』 『숨겨진 한국여성의 역사』 등을 펴냈다.

기억 속 집

다닥다닥 낡은 집들이 붙어 있는 좁은 동네 골목을 걷다 보면 시큼한 김치찌개 냄새며, 고등어조림 냄새가 콧속을 파고든다. 간이 딱 맞는 냄새, 진하기가 딱 맞는 냄새, 삶이 저래야 할 듯한. 냄새는 순간 기억하게 한다, 오래전에 살았던 집들을.

1.
마루 밑에는 먼지 내려앉은 검은 남자 구두, 굽 높은 여자 비닐 구두, 운동화, 슬리퍼가 뒤집어져 있거나 포개져 있었다. 제대로 자기 자리를 잡고 짝을 맞춰 놓인 것은 없었다. 꽤 많은 신발들이었다. 신발들 위로 햇살 한 줄기가 쏟아졌다. 먼지가 움직이지 않고 그 안에 꼼짝없이 갇혔다. 그날은 바람도 없었고, 들어가는 사람도 나오는 사람도 없었으며, 소리도 없었다.

　내 돈 내놔! 갑자기 튕기듯 일어나 소리치는 사내, 어느새 그는 아버지의 목덜미를 낚아챘다. 사내의 아내가 아기를 업은 채 사내를 말리려 일어섰다. 여보, 이 손 놓고 말해요. 사내는 고개를 돌려 아내를 보았다. 사내는 팔을 뒤로 한 바퀴 돌려 어깨에 올라와 있는 여자의 손을 떼어냈다. 잔말 말고 있어. 그게 어떤 돈인데.

　사람들이 일어나 아버지에게서 사내를 떼어냈다. 여기저기서 사람들이 말했다. 곗돈 타먹고 도망간 사람들을 잡아오자. 하지만 그들은 이미 멀리 사라지고 없는 터였다. 고만고만한 사람들이 목돈을 만들어보고자 모인 계가 깨졌다. 먼저 돈을 탔던 사람들이 나 몰라라 사라지거나 돈이 없다고 대책 없이 나왔다. 모든 책임은 계를 꾸렸던 아버지에게 돌아왔다.

　책임져야 했다. 아버지는 도망가지 않았다. 사람의 도리였을까. 그건 아마도 시집간 큰딸을 빼고 남은 자식들, 하나둘도 아닌 여섯이라는, 커가는 자식들 때문이었을 것이다. 남의 눈에 눈물 나게 하면 자식들한테도 화가 있을 거라는, 아버지와 어머니, 두 분이 지닌 믿음이었을 것이다.

　쓸 만한 가구가 있었던 건 아니다. 있으나 마나 했던, 딱 열 달 동안 좁은 방구석을 차지했던 피아노, 누군가 빚 대신 가져다 놓은 소리 나지 않는 구식 전축과 금성 냉장고, 동네 사람들의 탈수기였던 대한전선 세탁기, 벗겨진 서랍장……. 그 위로 어른 손가락 두 개만 한 분홍색 직사각형 딱지가 하나씩, 하나씩 붙었다. 딱지를 떼면 큰일 난다는, 집달리가 던진 말 한마디가 우리 가슴에 떼어낼 수 없는 딱지처럼 착 달라붙었다. 만질 수 없었다. 이제 그 물건들은 우리 게 아니었다. 아버지가 경기도로 올라와 몇 년 간 월세방에서 살면서 장사해 모은 돈으로 직접 만들었다는, 대문 없는 집도 우리 집이 아니었다. 집과 물건을 처분해 빚잔치를 하였다.

꿔준 돈, 받을 돈은 받지 못했다. 돈 받으러 가보면 이해하지 못할 상황도 아니었다. 병들어 구들장을 등에 진 사단 앞 아저씨(군부대가 있던 그 동네를 사람들은 '사단 앞'이라 불렀다), 얼굴 한가득 버짐 꽃을 피운 아이들이 주렁주렁 달린 사람, 암에 걸려 부을 대로 부은 몸뚱이로 죽을 날만 기다리는 아주머니. 번번이 어머니와 아버지는 맨손으로 돌아오셨다. 아버지! 할머니를 그 집에 모셔다가 누워 있게 하세요. 돈 줄 때까지는 못 나간다고 아버지가 들어가 앉으세요. 일주일 동안 애기 둘을 데리고 와 먹고 자면서 돈 달라고 했던 젊은 부부 생각이 났던가. 나는 큰 소리로 우리도 그렇게 해서라도 돈을 받아내자고 했다. 그 집 네 식구에게 작은 방을 내주고 온 식구가 한 방에 끼여 자야 했던 일곱 날은 쉽게 눈 감을 수 없는 밤들이었다.

떠나야 했다. 남은 게 없었다. 새로 시작하는 수밖에. 선택할 길이 따로 없었다. 삶이 우리 등을 자꾸 떠밀었다. 어디로든 떠나야 했다.

일요일이었다. 언덕 위에 있는 교회에 갔다 오니 어느새 짐이라고 할 수도 없는 짐이 다 꾸려져 떠나고 없었다. 아버지만이 나를 기다리고 계셨다. 147번 버스 타고 증산시장에서 내려라. 증산 국민학교 뒤편으로 올라가면 2층 건물에 하얀색 페인트칠을 한 집이 있을 거야. 거기 2층 맨 끝이야.

손바닥에 길을 그려가며 이사 갈 집을 가르쳐주는 아버지의 손이 덜덜 떨렸다. 늑막염으로 병원에서 고생한 지 그리 오래되지 않았기 때문이었을까. 어쩌면 젊은 날, 망한 집을 일으키는 데에 걸린 20여 년이라는 세월을 다시 시작해야 하는 막막함이 아버지의 손을 떨리게 만들었는지도…….

아버지 얼굴을 쳐다볼 수 없었다. 속없이 교회에 다녀온 내가 미웠다. 태어나 15년을 살면서 함께 자란 친구들을 버리지 못하고, 이 동네에 줬던 마음을 수습하지 못한 내가 미웠다. 이날도 바람 한 점 없이 햇빛만 쏟아졌다. 차마 고개를 들어 바라볼 수 없을 정도로 햇빛은 눈부셨다.

2.

이사 간 집은 쉽게 찾았다. 집은 산에 붙어 있었다. 집 앞으로 넓은 공터가 있었다. 한 아이가 고무 타이어를 팔에 끼고 다리를 질질 끌며 놀았다. 삐쩍 마른 몸, 땟국 흐르는 얼굴, 나중에 알고 보니 주인집 아들이었다.

1층과 2층, 유리 달린 나무 문이 나란히 있었다. 우리 집으로 올라갔다. 방 하나에 딸린 부엌은 간신히 한 사람이 몸을 펼 정도였다. 낮은 천장 아래 책상 하나, 서랍장 하나, 버리지 못하고 가져온 몇십 년째 쓰는 나무 찬장 하나, 이게 살림의 전부였다.

가난은 식구들을 헤어져 살게 했다. 아홉 식구가 함께 살 만한 공간을 얻을 형편이 안 되었기 때문이다. 증산동, 일명 고씨 아파트(말이 좋아 아파트지 난 나중에 그 집이 닭장집이라는 걸 알았다)에서는 부모님과 막내 오빠, 셋째 언니, 나, 이렇게 다섯 식구가 살았다. 할머니, 큰오빠, 둘째 오빠, 둘째 언니는 둘째 언니가 다니는 경기도 파주군 지산읍 운정면에 있는 국민학교 사택으로 들어갔다. 큰오빠는 방위를 받았고, 둘째 오빠는 혼자 일을 해보겠다고 알아보러 다니고, 그래서 우리 집 살림은 교사인 둘째 언니 월급으로 꾸려졌다.

쉰다섯을 넘긴 어머니는 파출부 일을 나가셨다. 어느 택시

회사 사장 집이라고 했다. 어머니는 그 집 식구들 속옷 빨래와 닦아도, 닦아도 끝이 없는 운동장 같은 집 청소로 하루를 시작하고 하루를 마치셨다. 건강이 안 좋은 아버지는 연탄 값을 아끼려고 뒷산에서 나무를 해 오거나 술을 마시며 하루를 보내셨다.

20여 가구가 사는 고씨 아파트 사람들은 다 형편이 고만고만했다. 보통 자식들 두세 명과 부부가 살았다. 식구가 좀 많은 집 같으면, 그리고 그나마 돈이 좀 여유가 있는 집이면 방 두 개를 얻어서 살았다. 그렇게 많은 사람들이 한 건물에 산다 해도 기껏해야 옆집 몇 가구와만 알고 지내는 형편이었다.

아침 일찍 공장으로, 파출부로 일을 나가는 여자들, 그이들 얼굴은 늘 깨끗하게 화장이 돼 있었다. 촌스럽지 않았다. 맑고 화사했다. 부지런함이 자식들을 먹이고 입히고 공부시켰다. (아, 아들이 국가 대표 축구 선수가 되기를 꿈꿨던 옆집 장씨 아주머니는 그 꿈을 이루었을까?)

어느 날 같은 반 친구가 만화책을 빌려준다고 동네 버스 정거장에서 만나자고 했다. 만화책만 받아들고 올 생각이었는데 친구가 말한다. 야, 우리 너희 집에 놀러가자. 우리 집! 다음에 가자. 치우지도 않아서 집이 지저분해. 볼 것도 없어. 당황한 내 입술은 할 말을 찾기에 바빴다. 그 친구는 막무가내로 가보자고 했다. 말이 통하지 않았다. 아니, 나는 솔직히 데리고 가고 싶지 않다고, 우리 집을 보여주고 싶지 않다고 말할 수 없었다. 어쩔 수 없었다. 그 아이를 데리고 집으로 올라오는 길, 머리와 마음이 복잡했다. 왜 쓸데없이 만화책을 빌린다고 했을까. 유리가 떨어져 비닐로 막아놓은 문을 열쇠로 따고 들어갔다. 다 보이고 나니 후회와 자책이 멈추었다. 그때 내가 진정 부끄러워해야 할 것은 무엇이었을까?

아버지께서 주신 십 원짜리 동전 열 개. 어느 일요일 내 손에 있던 전 재산이다. 그 십 원짜리 동전 열 개를 받으면서도 난 아버지께 미안했다. 친구에게 공중전화로 전화 한 통 하고, 남은 돈은 쓸데가 없었다.

다 삭아 무너지기 일보 직전인 철대 난간에 널어놓은 빨래를 걷으면서 하나둘 켜지기 시작하는 바깥세상 불빛들을 쳐다보았다. 언뜻 머릿속으로 언젠가 텔레비전에서 본 영화의 베네치아 거리 풍경이 떠올랐다. 고씨 아파트를 베네치아에 있는 어떤 아파트라고 생각하니 그런대로 멋있었다. 밤이 더 깊어오면 낮에 보였던 산 아래 부富와 산 위 가난이 드러나지 않았다. 창밖 어둠 속으로 불빛 찬란한 세상을 내다본다. 제일 높은 곳에 있는 우리 집에서 내려다보는 어둠 속 세상은 그나마 좀 평등해 보였다.

어느 토요일 오후 비가 온 뒤였다. 언니가 한 방울 두 방울 떨어지던 빗방울을 더는 참지 못하고 의자를 갖고 가서 30센티미터짜리 플라스틱 자로 천장에 조그맣게 구멍을 냈다. 주르륵 빗물이 양은 대야에 떨어졌다. 물방울이 튄 곳을 내가 걸레를 가져다 훔쳤다.

어머니는 운정에 있는 식구들한테 가져다줄 김치며 반찬들을 챙기셨다. 나는 어머니를 따라나섰다. 거기 가족들은 어떻게 지낼까. 여든 살인 할머니께서 살림을 하시는데 통 눈이 어두워 반찬도 만들기 힘들다고 하셨다.

기차에서 내리자 사방은 이미 어둑어둑했다. 아무것도 보이지 않았고, 논만 있는 허허벌판을 가로지르는 바람은 차가웠다. 발이 푹푹 빠졌다. 비포장도로여서 비 내린 뒤의 땅은 진흙탕이었다. 무릎까지 차가운 진흙이 달라붙었다. 멈췄던 비가 다시 내리기 시작했다. 되돌아가서 기차를 타고 싶었다. 어떻게 이 길을 간단 말인가. 한 발을 떼어 앞으로 내딛기가 어려운 이 길을. 하지만 어머니는 무거운 짐을 든 손에 더 힘을 주고 앞으로, 앞으로 발을 내딛으셨다. 아무 말씀도 하지 않으셨다. 보통 때 걸어서도 20, 30분은 가야 하는 길을 어머니와 나는 얼마나 오랫동안 걸었을까.

이사 온 뒤로도 남은 빚이 있어서 가끔씩 빚쟁이들이 찾아오곤 하였다. 산에 붙은 집이라 밤이면 무척 캄캄했다. 그 밤에 연주 엄마, 아빠가 왔다. 연주는 나보다 한 살 아래인 여자아이인데 그 애 부모가 우리 부모를 원수같이 생각하지 않고 환히 웃으며 만날 수 있던 때, 손톱만 한 소꿉 장난감(커피 잔 세트)을 집으로 가져온 적이 있다. 난 처음 보는 그 물건이 무척 신기했다.

언니와 나는 문밖에 있었다. 갑자기 방 안에서 험악한 소리가 나더니 어느새 연주 아버지가 손에 부엌칼을 쥐었다. 도대체 저 칼은 어쩌자고 저 사람 손에 쥐어져 있는가? 저 사람은 칼을 가지고 무엇을 하려고 하는가, 무엇을 할 수 있을까?

언니와 나는 황급히 집을 나와 파출소로 달려갔다. 국민학교 때 동네 산에 떨어진 삐라를 주워 파출소에 갖다준 것 말고는 파출소에 가본 적이 없었다. 뭐라고 말해야 할까? 과연 우리 입이 떨어질까 싶게 언니와 나는 덜덜 떨었다.

유리문을 밀치고 들어갔다. 어째서 왔느냐. 저희 집에서 싸움이 나서요. 칼을 들고…… 같이 좀 가주세요. 지금 우리 아버지가……. 경찰 한 사람이 따라나섰다. 어두운 골목길을 올라가면서 나는 어쩌자고 파출소를 찾아갔던가 후회했다. 언니도 나와 같았을 것이다. 나쁜 사람. 싸움 얘기를 물어보면서 그 경찰은 재미있다는 듯 빙긋이 웃었다. 이미 늙고 힘없는 아버지는 그 칼날 아래 잡혀 있는데 지금 경찰은, 그 칼날 아래에서 우리 아버지를 구해줄 것이라 믿었던 경찰은 웃는 게 아닌가. 즐거운 표정으로. 아, 다시는 경찰에 도움을 청하지 않으리라 마음먹었다.

2년쯤 시간이 지나, 다시 떠나야 했다. 갈 곳이 마땅치 않아도 떠나야 했다. 고씨 아파트를 헐고 빌라를 짓는다고 했다. 물론 주인이 짓는 것은 아니다. 그는 적당한 가격에 집을 팔 뿐이었다. 20여 가구 중 우리만 빼고 다른 집은 다 살 곳을 찾아 떠났다. 우리 남매들이 서울에서 학교를 다니는 처지라 겨울방학 하는 대로 언니, 오빠들이 있는 경기도로 가기로 하고 우리 집만 남았다.

밤이면 앞집 빈방에서 쥐새끼들이 삭삭 훑고 다니는 소리 때문에 잠을 못 잤다. 어느 날은 쥐새끼들 소리가 아니라 남자아이들과 여자아이들 소리가 잠을 못 자게 했다. 무서웠다. 겨울 찬바람이. 밤에 누우면 공중에 우리 다섯 식구만 붕 떠 있는 것 같았다.

3.
기차 통학이 시작되었다. 언니 학교 사택이 있는 경기도에서 서울로 학교를 다녔다. 불편은 해도 다시 모든 식구가 함께 모여 살 수 있다는 것만으로 행복했다.

어느 날 이른 아침, 바쁘게 학교 갈 준비를 하고 나서는데, 큰오빠가 첫 월급 탄 기념으로 사준 분홍색 잠바 위로 시뻘건 코피가 쏟아졌다. 놀랄 시간이 없었다. 대충 닦는데 피는 쉽게 멈추지 않았다. 휴지로 코를 틀어막고 언니, 오빠와 뛰기 시작했다. 추운 새벽길, 등줄기에 땀이 흘러 옷이 후줄근해질 정도로 뛰었다. 벌써 저쪽 끝에서 기차 불빛이 희미하게 보였다. 충분했다. 기차에 오르고 나서 그제야 한숨을 내쉬었다. 이내 땀이 식으면서 온몸에 찬기가 확 돌았다. 언니와 가좌역에서 내려 버스를 타고 각자 학교로 갔다.

돌아오는 길은 항상 혼자였다. 어느 날 수색역 바로 앞에 사는 친구가 기차 오기 전까지 자기 집에 가자고 했다. 친구 방에 들어가니 따뜻한 온돌방이 몸을 풀어헤쳤다. 잠이 왔다. 시간이 되어 역으로 향할 때 친구는 내 손에 반니 사탕 몇 알을 쥐여주었다. 입안에서 살살 녹았다. 광대뼈가 나와 네모진 친구 얼굴과 내 손 안에 있던 반니 사탕이 지금도 또렷이 떠오른다.(그 애는 내게 주었던 반니 사탕을 기억할까? 그때도, 그리고 지금도 내가 참 고마워하는 걸 그 애는 알까?)

한가한 기차 안에서 자리를 잡고 앉았는데 내 또래쯤으로 보이는 여자아이들 몇이 다가왔다. 순간 나는 긴장했다. 너, 잠깐만 나와봐. 왜? 우리 언니가 와보래. 싫어. 몇 번 더 말을 붙이던 아이들은 내 거절에 순순히 물러갔다. 나는 그 아이들을 깡패라고 생각했다. 나중에 알고 보니 나처럼 기차 타고 서울로 통학하는 아이들일 뿐이었다. 깡패면 어떤가. 사귀어볼걸, 후회한 건 뒤늦게였다. 그 아이들은 마음이 참 예쁜 아이들이었을 게다. 날마다 혼자 다니는 나를 생각해 사귀자 했을 테니. 저들은 여럿이 함께 다녀 누가 더 필요한 것도 아니었을 테니.

4.

다시 서울로 왔다. 대경이네 집, 진달래 연립, 1층에 누가 사는지 이사 가는 날까지 알 수 없었던 이층집, 장씨 아주머니네 집, 형관이네 집. 어릴 적 소원이 이루어진 걸까? 국민학교 때 항상 전학 오고, 가는 친구들을 보면 참 부러웠다. 얼마나 좋을까? 우리도 이사 한번 가봤으면. 말이 씨가 된다고, 뒤늦게 나는 그때 그 말을 하지 않았더라면, 하는 생각을 했다.

왜 그랬을까? 그때 우리 식구는 모두 선인장 가시처럼 신경이 삐쭉삐쭉 날카롭게 서 있었다. 그 가시는 조금이라도 틈만 보이면 서로 찔러댔다. 누군가 건드리면 연이어 이쪽저쪽으로 전달되었다. 밥을 먹을 때면 아무도 말을 안 하거나 상을 뒤엎

거나 둘 중 하나였다. 그 시절 내 소원은 단 한 가지, 평온하게 밥을 먹는 것이었다.

아버지의 큰소리에 공업고등학교에 다니던 한창 사춘기의 막내 오빠가 주먹을 벽에 내질렀다. 사람도 때로는 말 못하는 짐승이 될 수 있나, 내쉬는 숨이 자꾸만 목에 걸리고 진정하지 못하던 막내 오빠는 금방이라도 쓰러질 듯하였다.

건강도 나빠지고, 집도 없어지고, 모든 것을 잃은 아버지는 삐쩍 마른 얼굴을 일그러뜨리며 욕을 하셨다. 아버지께서 낼 수 있는 가장 큰 소리로, 가장 심한 욕으로 하루하루를 살아나가셨다.

싸움에 나도 빠지지 않았다. 싸움 한가운데에는 항상 돈이 있었다. 가장 앞에서 싸우다 나는 지쳤다. 언제부터인가 나는 입을 다물었다. 누군가 싸워도 끼어들지 않았다. 모른 척하면 그만이다. 입안에서 밖으로 내뱉을 소리가 맴돌았다. 침을 삼켜 목 뒤로 그 소리를 넘겼다. 무관심이 최고라는 생각이 머릿속에 박혔다. 왜냐하면 모른 체하면 신경 쓸 일이 없기 때문이다. 하지만 '그러려니 해야지. 저러다 제 풀에 꺾이지' 하는 생각이 어느새 주위 사물과 사람, 그 모든 것에 무관심한 나를 만들어버렸다.

언니, 오빠들과 싸울 때면 무슨 협박처럼 집 나가겠다는 말을 수도 없이 했다. 정말이지 못 살겠어. 도대체 내가 뭘 잘못했다는 거야. 관둬. 그만해. 내가 나가면 될 거 아냐. 학비 좀 대준다고 그러는 거야?(난 정말 안 해야 할 말을 참으로 많이도 했다.) 악을, 악을 질러대면서도 나는 가출을 시도해본 적이 전혀 없다. 보따리 싸는 시늉도 내본 적이 없다. 집을 나가지는 못했지만 식구들에게 속내를 감추었던 건 어쩌면 그때부터였는지도 모르겠다.

중·고등학교 다닐 때 집에는 항상 일거리가 있었다. 피에로 인형을 만들어보기도 했고, 전기장판을 만들기 위해 전선을 박다가 날카로운 대바늘에 넓적다리 살점을 뜯기기도 했다. 종합장 겉표지 만드는 일, 옷에 반짝이나 구슬을 다는 일, 퓨즈에 덧씌워진 끈적끈적한 빨간색 비닐을 떼어내는 일. 동네에 큰 가발 공장이 있어서 가발 뒤처리를 해보기도 했다. 일한 삯은 너무도 적었다. 항상 끊이지 않고 일감을 가져오는 어머니가 미웠다. 공부해야 되는데, 그렇다고 혼자 그 많은 일을 다 하는 어머니를 모른 척할 수도 없고. 그렇다고 내가 아주 많이 일한 것은 아니다. 내 노동은 잠시였지만 어머니의 노동은 끊이지 않았다.

아버지께서 다시 쓰러지셨다. 항상 겨울 찬바람이 불기 시작할 때면 쓰러지셨다. 하지만 이번에는 위독하다는 검사 결과가 나왔다. 고3이었기 때문에 밤늦게까지 야간 자율학습을 하고 돌아온 어느 날이었다. 큰언니는 아버지가 위독하다며 병원에 가보자고 했다. 가방을 든 채 병원으로 갔다. 혼수상태에 빠진 아버지는 숨이 가빴다. 그날 밤이 고비였다. 고모와 큰언니는 장례 문제를 의논했다. 난 그들이 야속했다. 아직 숨을 저렇게 쉬는 아버지 앞에서 어떻게 죽음 뒤 얘기를 할 수 있단 말인가.

고비를 넘기고 아버지는 일어나셨다. 사람들은 모두 기적이라고 했다. 그 뒤, 아버지는 전에 술을 끊었던 것처럼 담배도 끊으셨다. 퇴원하고 나서는 할아버지가 다 되셨다.

5.

이사는 계속 이어졌다. 전세 계약이 2년이니 집 없는 사람 누구나 그러할 것이고, 1년에 한 번씩 이사하는 사람도, 몇 달에 한 번씩 이사해야 하는 사람도 허다할 것이다. 이사를 많이 하다 보니 토박이라 불리는 사람들이 부러웠다. 그곳에 무엇이 많이 나는지, 뭐를 기억해둘 만한지, 동네 누가 어디 아프다든지, 무엇이 문제라든지, 어느 길이 어떻게 변했다든지, 이러한 것들을 속속들이 알고 내 문제인 양 신경 쓰고 길 가다 만나는 사람들과 인사 나눌 수도 있는…….

그래도 화전 살 땐 그런 게 있었다. 파리약 가게 주인아저씨가 중풍으로 쓰러졌다, 깨박사네 아들이 학교에서 유리창을 깨뜨렸다(깨박사네 아줌마의 넓은 얼굴에는 주근깨가 별처럼 났다), 어젯밤 저 옆집 화자와 지선이는 깨끗이 안 씻었다고 아줌마한테 두들겨 맞았다, 앞집 보라 언니가 항공대생과 눈이 맞았다, 보라네 엄마는 생선을 하나도 남기지 않고 다 팔았다, 집 나간 추옥이가 오늘 들어왔다, 칠성이는 커서 아마 유명한 농구 선수가 될 것이다, 윗집 아들이 장한 학생으로 텔레비전에 나왔다 등등. 화전을 중심으로 왼쪽(서울 방향) 새마을, 덕은리, 향동리까지, 오른쪽 화전2리, 벌말, 사단 앞까지 소식을 다 알 수 있었다. 지금은 옆집에 누가 사는지 관심 갖지 않는다. 애써 가지려 해보아도 문이 꽉 닫혀 있어 이야기 하나 새어 나오지 않는다. 어쩌다 마주쳐 인사를 건네면 받는 쪽에서 이상하게 쳐다본다.

가끔, 아주 가끔, 화전에 계속 살았다면 어땠을까 생각해본다. 눈으로 확인하진 않았지만 들리는 말로 우리가 살던 집은 찻길이 되었다고 한다. 담도 없고 문도 없던 우리 집. 언덕 아래 첫 집, 그래서 길이 담처럼 되어 그 흙담에 나팔꽃이 한가득 피었던, 할머니께서 갈퀴손으로 나팔꽃을 일구던 그곳은 영영 길 속에 묻혔다.

어찌 되었든, 뿌리내리기란 단순히 한곳에서 오래 산다는 것만은 아닐 것이다. 몸만 있을 뿐 마음이 없다면 뿌리내리지 않고 잠시 발 걸치고 있을 뿐일 것이다. 그런 의미에서 내게 뿌리내리기는 바람이며 동시에 두려움이다.

옛날보다는 지금 생활이 더 나아졌다고 느끼지만 생각해보면 그때도 그랬고 지금도 지금에 맞게 걱정해야 할 일들이 있다. 아마도 사는 동안에는 계속 그러하겠지. 어떤 마음으로 맞아들이고 어떻게 풀어나가야 할까. 골목 어느 집에서 풍기는 저 김치찌개 냄새만큼, 고등어조림 냄새만큼 내 삶도 진할 수 있을까.

홍구보

홍구보
1999년 단편소설 「선녀와 나무꾼」으로 김유정소설문학상을 수상했다. 작품집 『조통장 난봉기』가 한국문화예술위원회 우수문학도서에 선정되었다.

기다리는 집

　고향 언저리에서 고만고만하게 사는 우리 남녀 동창들은 지난 봄날, 어렵사리 서울 나들이를 했다. 환갑을 앞둔 나이지만 아이들 소풍 가듯 들뜬 마음으로 12인승 승합차를 세내어 서울 친구 집들이의 축하 사절단으로 가게 되었다. 그러나 운전은 다들 할 줄 알면서 운전대를 서로 안 잡겠다며 꽁무니를 뺐다. 아무리 내비게이션 아가씨가 상냥하게 길을 안내해줘도 복잡한 서울 길은 두려울 수밖에 없는 곳이기 때문이다. 결국 전문성을 내세워 화물차 기사 출신인 K가 운전대를 잡았다. 평소 "강원도 운전수가 진짜 운전수지!" 하며 큰소리치던 그도 막상 서울로 진입하자 볼멘소리가 절로 나왔다.
　"뭔 놈의 차가 와 이리 많노?"

"깜빡이도 안 넣고 끼어드는 저놈은 뭐냐고!"

"이거, 황사도 촌놈 겁주는구먼!"

정말 그랬다. 백주 대낮이 밤처럼 어두웠다.

"나 원, 이런 황사는 처음이야!"

연신 유리에 워셔액을 뿌리며 고속으로 와이퍼를 작동해야 앞이 보일 정도였다. 다들 초긴장 상태로 용쓰다 겨우 도착한 곳이 강남구 삼성동에 있는 아파트촌이었다.

황사 속에 우뚝 서 있는 아파트는 첫눈에도 고급스러웠다. 이 고급 아파트에 우리랑 같이 공부하던 여자 동창 하나가 살고 있다니! 남편과 사별한 후 두 자식을 키우며 서울 바닥에서 안 해본 일이 없을 정도로 억척스럽게 살며 재산을 모은 친구였다. 우리는 동창회 모임 때마다 서울에서 찾아준 그 정성을 갚겠다며 먼 길을 마다하지 않고 초대에 응한 것이다.

친구의 아파트는 19층이었다. 널찍한 거실에서 밑을 내려다보자 어찔어찔 어지러웠다. 게다가 황사가 많이 엷어져, 눈앞에 보이는 정경이 마치 유럽의 고성古城처럼 고즈넉하고 고풍스러웠다. 직사각형으로 지어진 아파트 단지 복판에 정원과 놀이터가 어우러져 있고 분수까지 보였다. 친구들은 명승지 구경하듯 창밖을 보다가 이번에는 이 방, 저 방을 다니며 구경했다. 여자 동창들은 한눈에 봐도 고급스러운 가구며 거실의 소파를 만지면서 부러운 듯 "어머, 어머!" 하며 감탄사를 연신 터트렸다. 출장 뷔페 요리사가 만들었다는 요리는 시골 호텔에서 보지 못한 것들이었다.

우리는 접시 가득히 요리를 담고 거실 탁자 앞에 앉아, 양주가 든 크리스털 잔을 들고 동창회 회장의 축하 건배 제의를 시작으로 요리를 먹기 시작했다. 맛난 음식과 좋은 술, 멋진 정경, 비싼 카펫 위에서 촌스럽지 않게 우아하게 먹었다. 그럴 수밖에 없는 것이 탁자 건너편에 서울 여자 여러 명이 그렇게 했기 때문이었다. 괜히 집주인의 서울 친구들에게 "촌놈들은 별수 없어!"라는 소릴 듣지 않기 위해서였다. 집주인은 눈치채고 "그냥 평소대로 해!"라며 충고했지만, 우리는 취하기 전까지 최대한 체통을 지키려고 애썼다.

그때였다. 바지 주머니에서 휴대전화 진동이 계속 울려댔다. 집에 있는 딸의 이름이 액정 화면에 떴다.

"아빠, 쥐!"

"뭐라고?"

"주먹만 한 쥐가 거실에 다녀."

"잘못 본 거 아냐?"

"맞다니까. 아빠, 무서워 죽겠어. 언제 와?"

"몰라. 엄마는?"

"조금 전에 친구 전화 받고 나갔어."

"엄마한테 전화해서 찐득이 사 오라 해."

"몰라, 나 〈1박 2일〉 봐야 하는데 쥐 때문에 텔레비전 못 보잖아. 속상해 죽겠어."

내일모레 시집갈 딸애의 짜증 난 목소리가 신분 상승의 단꿈에 찬물을 끼얹은 꼴이 되었다. 세상에, 주먹만 한 쥐라니! 잘못 보았겠지. 그러나 덜렁거리는 딸애가 부엌과 창고로 연결되는 문을 꼭 닫지 않아 그 틈으로 쥐가 들어온 것 같았다. 딸애가 놀랄 만하고 짜증도 이해하지만, 하필이면 이때 전화할 게 뭐람! 서울의 최고급 아파트 거실에서 시골의 내 집 거실에 쥐가 기어 다닌다는 소리를 들어야 하다니. 괜히 주눅이 들어 거실 벽면을 따라 침대인지 소파인지 모를 ㄱ자 모양의 부드럽고 촉촉한 가죽을 어린아이 코 묻은 수건 주무르듯이 쓰다듬었다.

"촉감이 끝내주지? 이게 이태리제인데, 천오백이래."

"그렇게 비싸?"

친구의 속삭이는 말에 쥐 보고 놀란 딸애처럼 소파에서 얼른 손을 뗐다. 그때부터 나에게 이상한 일이 벌어졌다. 조금 전까지만 해도 넓은 아파트와 비싼 물건, 맛나는 음식이 부러웠는데 갑자기 모든 게 낯설어 보이기 시작했다. 마치 눈에 보이는 것이 연극 무대의 세트 같고, 공중에 떠 있는 아파트도 꼭 쥐면 구겨지는 성냥갑처럼 보였다. 고급 옷과 진한 화장, 붉은 입술로 치장한 서울 여자들이 중세 시대의 마녀처럼 보였다. 눈에 보이는 건 허상일 뿐이고, 시골의 내 집이 동화 속 그림처럼 떠올랐다.

그렇다. 집은 마당이 있고 전망이 트인 시골집이 최고가 아닌가. 거기다 텃밭에 온갖 채소를 심고, 집 뒤 야산에는 과수원이 있어 맛난 과일을 직접 따 먹는다면 금상첨화 아닌가.

우리 집의 택호는 '과수원집'이었다. 중학교 다닐 때는 인근에서 처음으로 딸기 밭을 열었다. 나는 손님이 오면 주문을 받고, 딸기와 설탕을 담은 접시를 쟁반에 담아 파라솔이 있는 탁자에 놓는 일을 맡았다. 손님의 대다수는 아가씨들이라 처음엔 부끄러웠지만, 곧 익숙해졌다. 게다가 은근히 자부심마저 생겼다. 그건 당돌한 한 아가씨의 말 덕분이었다.

"이런 과수원집에 시집오면 봄에는 딸기, 여름에는 포도, 가을에는 사과를 실컷 먹을 수 있으니 얼마나 좋아! 이봐, 총각, 혹시 형 없어요?" 하며 까르르 웃어댔다.

그러나 정작 장가갈 나이가 되도록 내 주위에는 여자가 없었다. 일 년 내내 과수원 일만 하는 농투성이한테 누가 시집오

겠는가. 마침 인근 도시의 청과 상회에서 경리 일을 보던 아가씨와 인연이 닿았다. 아버지와 사장이 막역한 친구 사이라 우리 집에서 맞선 자리를 주선했다. 그러나 한겨울이라 과수원은 적막하기 짝이 없었고, 집 안이나 마당가에도 눈에 보이는 모든 게 메말라 있었다. 어른들은 안방에서 사돈이 된 것처럼 화기애애한 대화를 나누었다. 그러나 나와 아가씨는 행랑채 처마 밑에서 입이 얼어붙은 듯 다물고, 발끝으로 바싹 언 땅이나 툭툭 찼다.

"지금은 우리 집이 어색하고 삭막해 보이지만, 봄이 오면 모든 게 달라져 보일 거요. 꿈을 갖고 같이 한번 살아봅시다."

나도 모르게 불쑥 던진 말이었다. 그러나 아가씨는 '꿈'이라든가 '봄'이란 말에 속아 넘어오지 않고, '양회 공장에 취직하겠다면!'이라는 조건을 걸며 반승낙을 했다. 다행히 취직(당시에는 중개인에게 목돈을 주면 가능할 때였다)이 되자 번갯불에 콩 구워 먹듯 결혼식을 올렸다. 신혼 방은 행랑채였다. 군불을 때면 연기와 그을음이 방 안 곳곳에 스며들었다. 아내는 친정에서 바리바리 싸준 이불이며 옷이며 세간에 그을음이 달라붙자 속상해 매일 울었다. 그때는 아내를 달래기 위해 집을 수리할 생각을 못했다. 그냥 그렇게 사는가 보다 그랬다.

다행인지 불행인지 7번 국도가 확장, 포장되자 경상도의 신

품종 사과인 부사가 강원도까지 치고 올라왔다. 재래종인 홍옥이나 국광으로 도저히 부사 맛을 따라갈 수 없었다. 아버지는 과수원에 대한 미련을 버리고, 30년이 넘은 사과나무를 베어버리고는 아예 농사를 작파해 노인네의 길로 접어들었다.

"너희들이 본채에 살아라. 우리가 행랑채를 헐어 새로 지어 살마."

"우리가 그럴게요."

"아니다. 곧 애도 태어날 터인데, 그리 해라."

아버지는 오랫동안 구상했다는 듯이 널찍한 방 한 칸에 외풍이 들어오지 않게 삼중 창문을 달고, 천장에도 쌀겨를 깔아 보온을 철저히 한 집을 지었다. 난방은 베어놓은 사과나무로 했다. 산처럼 쌓여 있던 사과나무도 5년쯤 화목으로 때니 떨어졌다. 그제야 기름보일러를 놓고, 본채와 행랑채의 지붕을 초록빛의 컬러 시트로 교체했다. 멀리서 보면 별장처럼 보였다. 과수원은 없어졌지만 집과 밭을 둘러싸고 있는 측백나무와 탱자나무 울타리는 그대로고, 대문 옆의 능소화는 50년이 넘은 자귀나무에 의지해 장마 내내 꽃을 피워댔다.

아내는 화단에 철 따라 피는 꽃을 심었다. 집은 오래되었지만 유리창이 많았다. 격자무늬의 창틀에 연한 하늘색 페인트를 칠해 보기 좋았다. 그러나 겨울철만 되면 창틀에 비닐을 덮고 졸대를 덧대 외풍을 막고, 여름에는 방충망을 쳤다. 귀찮다며 투덜거리기라도 하면 어머니는 "그런 소리 마라. 6·25 때 내 아니었으면 이 집을 못 지었다" 하며 공치사를 늘어놓았다. 읍내에서 장사를 하던 아버지는 해방 직전 일본 사람이 갖고 온 목재를 사서 마당가에 보관 중이었다. 인민군은 물론 피난민들까지 마당가에 있는 목재를 훔쳐가려 했지만 막았다.

아버지는 전쟁이 끝나자 읍내와 떨어진 이곳에 집을 짓고 과수원을 일구기 시작했다. 그러니 집이며 나무 울타리, 우리 집에 있는 세간은 거의 50년이 넘은 것들이었다. 10여 년 전, 억척 어머니가 먼저 돌아가시고 1년 후에 아버지도 따라가셨다. 아내는 부모님이 앓다 돌아가신 행랑채에 들어가기를 두려워했다. 나는 내 방으로 꾸며 책장과 책상을 옮겼다. 특히 야간 근무 때는 아침에 퇴근해, 두꺼운 커튼을 쳐서 방 안을 칠흑처럼 어둡게 해 잠을 잤다. 꿈속에서 부모님의 흔적이 보이고, 편하고 정든 나의 방이 되어갔다.

아내는 그동안 무덤덤하게 대했던 현관문과 부엌문의 '끼이익' 소리를 더 이상 못 듣겠다며 손사래 쳤다. 더구나 천장에서 들리는 쥐 소리와 집 안 전체에 나는 퀴퀴한 냄새와 수시로 방바닥을 기어 다니는 개미를 미워하기 시작했다. 마치 여태껏 쥐 죽은 듯 시집살이하다 갑자기 하인 부리는 마님처럼 주인 행세를 시작했다. 그 첫 번째 일이 집수리였다. 그냥 살자는 내 말을 무시하고 직접 나서서 집수리 업자를 데려왔다. 대대적인 보수공사가 시작되었다. 천장을 뜯어내고, 창문을 가리고, 벽체를 덧붙이고, 목욕탕도 새로 꾸미고, 거실과 방 구조도 바꾸어버렸다.

집은 새 집으로 변신했다. 예전의 모습은 어디에도 남아 있지 않고 단층 아파트나 다름없었다. 아이들과 아내는 대만족이었다. 외풍이 없으니 겨울에는 따뜻하고, 여름에는 방충망 덕분에 모기 걱정이 없고, 외출할 때도 현관문만 잠그면 되고, 무엇보다 천장에서 쥐 소리가 안 들리니 좋았다. 그러나 나는 정이 가지 않았다. 예전의 격자 창문이 자꾸 생각나고, 벽돌로 쌓아올린 사각 굴뚝이 있던 데로 가 어정거렸다. 나는 도저히 참을 수 없다는 듯, 일을 저지르고 말았다. 업자를 불러 행랑채 옆에 있던 헛간을 헐어 창고를 짓기로 계약했다.

아내는 즉각 반격을 가해왔다. 그러나 부모님이 쓰던 농짝, 서랍장, 찻장, 각종 농기구를 보관할 공간이 필요하다며 끝까지 주장하는 나를 당할 수 없었다.

"본채를 당신 맘대로 했으니, 행랑채는 내 의지대로 할 거야."

창고가 완성되자 ㄱ 자 모양의 집이 새로 생겨난 것처럼 보였다. 집 곳곳에 흩어져 있던 50년이 넘은 세간을 챙겨 진열했다. 그중 무쇠로 만든 목욕조 때문에 또, 의견이 대립했다. 아내는 고물상에 팔자고 했다. 나는 유행어로 한창 인기 있는 개그우먼의 말투를 흉내 냈다.

"이거, 왜 이래. 이래 봬도 난 과수원과 목욕탕이 있던 집 아들이라구!"

이 말의 속뜻은 비록 지금, 양회 공장에서 현장 근무하는 교대 근무자 신세지만, 옛날에는 누구나 부러워했던 과수원 집 아들이라는 걸 강조하는 말이었다. 과수원을 접은 지 30년이 다 되어가도, 그 당시 사과나무의 모양과 색깔까지도 하나하나 기억이 났다.

창고도 일 년에 한 번 꼭 정리했다. 먼지가 켜켜이 앉은 데다, 텃밭에서 소출한 콩이며 감자, 고구마, 고추, 마늘 등을 보관하다 보면 이상하게 어질러졌다. 매년 되풀이되는 정리지만 귀찮거나 싫지 않고 오히려 옛 세간에 애착을 더 갖게 되었다. 닳은 쇠스랑, 호미, 곡괭이, 삽 등의 농기구 외에도 아버지가 사용하던 망치, 펜치, 몽키, 전지가위도 수많은 추억을 떠올리게 했다. 오래된 집만이 갖고 있는 매력이었다. 부모님이 살았던 흔적이 집 곳곳에 묻어 있어, 역사박물관이나 다름없었다.

양주를 소주 마시듯 한 H가 휘청거리며 일어나더니, 화장실로 간다는 게 베란다 옆의 빨래 건조장으로 들어갔다.

"야, 그쪽이 아니야!"

"안다구. 코딱지만 한 집에서 변소 하나 못 찾을 줄 알구!"

그 친구는 제법 넓은 공간이 보이자, 창문을 열고 참았다는 듯 담배 하나를 꺼내 입에 물고 불을 붙였다. 건조장 출입문은 투명 유리로 되어 있어 작태를 다 볼 수 있었다.

"아무리 술 취했기로서니 요새도 저리 간 큰 남자가 다 있네!"

"그래, 촌놈이 수십억 가는 아파트에서 언제 담배 한번 피워 보겠나?"

"맞다, 부담 갖지 말고 피워라."

집주인 동창이 어쩔 수 없다는 듯 술 취한 목소리로 허락을 했다. 그러자 L과 N, 두 친구가 용기를 내 그곳으로 갔다. 세 촌놈들은 황사보다 더 독한 담배 연기를 연신 내뿜고 있었다. 집주인의 서울 친구가 도저히 참을 수 없다는 듯 유리문을 열고 소리쳤다.

"여보세욧. 거기 빨랫줄에 걸린 실크 옷 안 보여요? 그 옷이 얼마짜린 줄 아세요? 덜 마른 옷에 담배 냄새가 배면 어떻게 입어요? 몰상식하게 말야!"

몰상식이란 말은 촌놈과 같은 말로 들렸다. 우리 촌놈들은 깜빡 잊었다는 듯이 귀향길을 서둘렀다. 담배 때문에 무안을

당한 친구들은 한강에서 뺨 맞고 종로에서 화풀이하듯 차 안에서 줄담배를 피워댔다. 그놈의 황사가 다시 서울의 밤하늘을 덮어 창문을 열 수 없었다.

   대관령을 넘고 동해고속도로로 접어들자 비로소 별이 보이고, 먼 바다의 선박 불빛과 항구의 불빛이 보였다. 딸애는 언제 도착하느냐며 또 전화를 걸어왔다. 쥐가 냉장고 뒤에서 계속 바스락거린다고 징징거렸다. 아랫목에 떡을 묻어놓은 것처럼 빨리 집으로 가고 싶어 안달이 났다.

   내가 필요하고, 또 나를 기다리는 집으로 돌아가는 게 그리 좋을 수가 없었다.

아버지의 칠판

이주민 단지(공단 조성 때문에 고향을 떠나 집단으로 이주해 사는 마을) 공원에서 책을 읽는 분을 만났다. 다른 분들은 삼삼오오 짝을 지어, 정자나 긴 의자에 앉아 담소를 나누고 있었다. 옆에 다가가도 독서 삼매경에 빠져 눈길조차 주지 않았다. 검게 탄 얼굴에 굵은 주름, 벗어진 이마에 머리칼이 하얬지만 돋보기도 쓰지 않고 책을 보았다.

"무슨 책을 그렇게 재미나게 보세요?"

"덕혜옹주 이야기야. 고종의 막내딸이면서도 일본에서 파란만장한 삶을 살아야만 했던 걸 소설로 쓴 책이야. 서울 사는 막내딸이 보내줬어. 심심해 읽는 거야."

"심심하면 책을 보세요?"

"그럼, 뭐해?"

"게이트볼을 하든가, 화투 치시면 되잖아요."

"그딴 건 나하고 맞지 않아."

"보고 싶은 책은 주로 어디서 구입하세요?"

"서점에 간 적은 한 번도 없어. 막내딸이 동화 작가고 출판사에 근무하다 보니 알아서 책을 자주 보내와. 그걸 읽는 거지."

"젊었을 때도 책을 자주 보셨겠네요?"

"웬걸? 예전에야 일하느라 책 읽을 시간이 어디 있어?"

이윤화 노인은 79세로 전형적인 농부다. 이주 단지로 새집을 짓고 이사 올 때 경운기 창고를 당연한 듯 짓고, 논밭에도 계속 나갔다. 벼농사는 물론 고추, 감자, 고구마, 콩, 마늘, 배추, 무 농사를 지었다. 그러나 작년부터 기력 탓도 있지만 자식들 성화에 못 이겨 열 마지기 논농사는 도지를 주었다.

자식은 자그마치 딸 일곱에 아들이 하나다. 막내인 아들도 장가를 보내 큰 걱정 없이 산다. 그냥 남들 하는 대로 편하게 살면서 여행도 다니라는 충고를 들으면 "그것도 말대로 쉬운 게 아니오" 하고 대꾸한다.

"만약 여행 가는 날, 밭에 병충해가 성한 걸 보면 어떻게 하세요?"

"당연히 포기하고 농약 치지. 여행 내내 찜찜한 것보다 마음이 편하고 시원한 게 더 좋지 않아?"

이 노인이 농사에 열심인 것처럼 매일, 수시로 하는 게 두 가지가 더 있다. 독서와 붓글씨 쓰기다. 다른 취미 없이 이것만으로도 하루가 언제 지나가는지 모른다.

"왕산 고단리가 내 고향이야. 초등학교 6학년 2학기 때, 부모님이 돌림병으로 갑자기 돌아가셨어. 마을에서 제법 기침 소리 내며 머슴까지 둔 부자의 외아들이었지만, 하루아침에 고아가 되었어. 혈육이라곤 여기 뒷들에 살던 삼촌 한 분밖에 없었어. 그런데 삼촌 살림이 말이 아니었어. 빚이 많았던 거야. 난 어려 아무것도 몰랐고, 삼촌이 가자는 대로 여기로 따라왔지. 삼촌은 고향 땅과 집을 정리한 돈을 빚 갚는 데 다 들이밀었어. 마지막 학기밖에 안 남았는데 나를 여기 학교로 전학시키지도 않았어. 속으로 원망했지만 어떡하겠어? 더 속상한 건 마을에 있는 서당에도 다닐 엄두가 안 났다는 거야. 학생들이 글 읽는 소리가 내 가슴을 후벼 팠어. 당장 일해야 입에 겨우 풀칠할 정도였으니까. 그때가 내 나이 열세 살이었어."

그 후 군대 갈 때까지 남의 집 농사일에 새경을 받고 일했다. 일 잘한다는 소문이 인근 마을까지 번져, 밤까지 일하는 게 다반사였다. 군에서 제대하자, 돌아가다 서다를 반복하는 삼화제철소에서 인부를 모집했다. 기술이 없던 터라 하청 회사 막노동자로 취직했다. 큰돈은 아니었지만 매달 월급을 받자 비로소 여유가 생겨났다. 어느 장날, 국밥 집 앞 난전에서 천자문 책을 하나 샀다. 무심하게 산 책이지만 집에 돌아온 후에 가슴이 떨 정도로 기뻤다. 마치 그 책만이 고통을 잊게 하고 기쁨을 줄 것만 같았다.

이윤화 씨는 이날부터 제때 못 배운 한을 풀겠다는 듯 시도 때도 없이 천자문에 빠져들었다. 이 세상에 태어나 밥을 먹기 위해 일하고, 천자문을 외우고 쓰기 위해 사는 사람 같았다.

"제철소 작업장 일이 농사일과 별 차이가 없었어. 고철이나 철광석, 무연탄을 구루마(기존 리어카는 약해 못 쓰고 자동차 바퀴에다 굵은 파이프로 개조한 수레라 보면 돼)에 삽질해 싣고, 용광로까지 나르고 쏟는 일이 전부였으니까. 다른 사람들은 그 일에 힘들어했으나 난 쉬웠어. 그러다 보니 명절 때가 되면 동료들이 나를 사장실로 자꾸 밀었어. 떡값을 좀 타오라는 거지. 말솜씨는 없어도 일 하나는 최고였으니 사장이 들어줄 거란 생각에서였지. 나는 제철소 일을 열심히 했어. 새경보다 훨씬 많은 돈이 매달 척척 잘 나오니 더 이상 좋을 수 없었어. 또, 본 회사 직원은 용광로가 설 때마다 안 나왔지만, 우리 같은 하청 회사 일꾼은 쉬는 날이 없었어. 그렇다고 농사일을 게을리하지는 않았어. 밤중에 퇴근해서도 달이 훤하면 밭을 매느라 쉬지 않았어. 첫새벽에 일어나, 두어 시간 일하다 출근하곤 했지."

이 노인은 훗날 자식을 기르면서도 천자문을 놓지 않았다. 아이들이 다 쓰고 버린 공책이나 헌 신문지에 천자문을 쓰고 외웠다. 어느 날 막내딸이 학교 쓰레기장에서 조그만 칠판을 주워와 아버지에게 내밀었다. 그 다음 날엔 쓰다 버린 조그만 분필 여러 개를 쓰레기장에서 주워왔다. 앙증맞은 막내딸이 귀엽고 고마웠다. 양철로 분필 집게를 만들어 칠판에 천자문을 쓰기 시작했다. 더러워진 공책에 쓸 때와 기분이 달랐다. 막내딸도 덩달아 기뻐했다.

"칠판 글씨 연습은 우선 시간이 절약되어 좋았어. 무엇보다 아이들 교육에 일등 공신이었어. 자나 깨나 일만 하던 아버지가 방 안에서 선생님보다 더 멋지게 한문을 척척 외워 쓰는 게 그렇게 멋지게 보였나 봐. 막내가 커서 예술대학 문예창작과를 다니고, 글을 써서 작가가 되었을 때 고백하더라구. 자기가 글을 쓰게 된 계기는, 아버지가 칠판에 수도 없이 많은 글자를 쓰고 지우는 모습이 너무 멋있어, 따라 하고 싶었기 때문이라고 말야."

이 노인은 자식을 키우고 일할 때, 네 시간 이상 자보지 못했다. 딸 일곱과 아들 하나를 키우면서도 땅을 여기저기 살 정도로 일했다. 그러면서도 한문 공부는 건너뛰지 않았다. 이젠 나이가 들자 닥치는 대로 재미난 이야기책을 읽는 걸로 바뀌었다. 글 쓴 사람의 의도가 뭔지 몰라도 이야기책을 읽으면 외길로 살아온 인생이 보상받는 것만 같아 자꾸 본다. 또, 한창 일하고 자식 키우던 곳이 공단으로 변해 흔적도 없이 사라졌지만, 책을 읽을 때는 고생하며 살아왔던 옛 시절이 주마등처럼 스쳐가 오히려 행복해진다고 말했다.

이주 단지에 새 집을 짓고 사는 주민 가운데 경운기를 갖고 있는 집은 몇 안 된다. 할 줄 아는 게 농사뿐인 사람도 이주 단지에 올 때는 힘든 농사를 포기했다. 대다수 직장을 갖거나, 장사로 제2의 인생을 살았다. 이 노인처럼 고집스레 농사를 놓지 않은 이주자는 꼭 집 한편에 창고를 지었다. 마을 미관을 해치기는 하지만 농부에게 꼭 필요했다. 종자는 물론 수확한 각종 곡식도 보관해야 하고, 온갖 농기구에다 작업복이며 작업화, 대대로 내려온 조상의 유품도 보관해야 한다.

이 노인의 창고는 다른 집보다 크다. 소 같은 경운기를 비 맞지 않게 하려는 배려 때문이다. 다른 집에 없는 특이한 물건도 보관한다. 막내딸이 어렸을 때 선물한 칠판이다. 얼마나 많이 쓰고 지웠으면 검은 바탕색이 허연색으로 변했을까. 남들이 보면 헌신짝보다 못한 판자에 불과하지만, 버리지 않고 보관하고 있다. 버리면 어쩐지 과거도 사라질 것만 같아 갖고 있다. 게다가 막내딸이 등단하게 된 글의 제목이 「아버지의 칠판」이지 않은가.

전희식

전희식
농부 작가. 1986년 무크지 〈현장〉에 르포를 실으며 집필 활동을 시작했다. 농업과 생태, 영성에 기초한 소설, 시, 산문, 시사평론을 쓰며, 저서로는 『땅살림 시골살이』 『똥꽃』 『아궁이 불에 감자를 구워 먹다』 등이 있다.

전날 내 인생의 성적표, 황금 똥

내가 최초로 목격했던 사람의 임종은 할아버지였다. 겨우 여섯 살, 어린 나이에 지켜보게 된 할아버지의 임종은 고약한 똥 냄새와 함께였다. 늘 어머니의 두 손엔 똥이 들려 있었다. 방에서 내오는 요강에 담긴 똥오줌은 그것이 거름 자리에 온전히 파묻히기까지 온 집 안에 냄새를 풍겼다.

할아버지의 옷도 그랬고 할아버지가 숨을 쉴 때도 그랬다. 방을 닦아낸 걸레는 다른 용도로 쓸 수 없었다. 할아버지가 숨을 놓게 되자 똥 냄새도 천천히 따라서 걷히기 시작했다. 숨을 잘 쉬어야 살아 있는 생명체이듯이 똥을 잘 눠야 건강체라는 이치를 깨우치기 훨씬 이전에 나는 실증적으로 이를 체험했던 것이다.

똥을 제자리에서 제때 눈다는 것

무릇 사람이란 채우는 것에 전념하며 살다가 어느 순간에 문득 비우는 것이 중요해지는 때를 만나게 되는지도 모른다. 지갑을 채우고 업적을 쌓아 목표치를 채우고, 배를 채우고 지식으로 머리를 채우고, 이렇듯 채우고, 채우고 살다가 비우고 버려야 할 것을 심각하게 맞이하는 것이 똥이 아닌가 한다. 와병 중이거나 노년이 되어 만나는 똥이 그렇다는 것이다.

얼마 전에 유명을 달리한 손아래 조카도 췌장암으로 건장했던 몸을 움직일 수 없게 되자 가장 먼저 스스로 똥을 비우는 일부터 고역이 되었다. 똥을 눠야 하는 장소까지 갈 수가 없었고 똥이 나오는 줄도 모르게 되었으며 그 똥을 남의 손을 빌려 뒤처리해야 했다.

잘 아는 한의사로부터 이런 얘기를 들은 적이 있다.

네 가지 건강의 지표가 있는데 첫째는 숨이라고 했다. 숨을 잘 쉬는 것이 건강의 바로미터이자 건강의 첫걸음이라는 것이다. 숨은 고르게 쉬어야 하고 또한 가늘고 길게 쉬어야 한다고 했다. 숨을 가쁘고 불균등하게 쉴 때는 건강에 이상이 생겼다고 보면 된다는 것이다. 맥박으로 건강을 살피기도 하지만 맥박보다 먼저 숨에 이상이 온다는 것이다. 어린아이의 숨을 가만히 들여다보면 그 이치를 알 수 있다. 아주 고르게 숨을 쉰다. 나이 먹은 어른이 술이라도 먹고 자는 모습을 볼라치면 한참 숨이 끊어졌다가 겨우 이어지곤 하는데 바로 이를 두고 숨의 중요성을 말한 게 아닌가 한다.

두 번째는 잠이라고 했다. 잠을 깊게 자는 것, 낮이 아니라 밤에 자는 것, 꿈도 없이 깔끔하게 자는 것, 아무 데서나 자는 게 아니라 자연 소재로 지어진 생태적인 주거 공간에서 자는 것 등, 이것 역시 건강의 중요한 지표가 된다고 했다. 그러고 보면 발암물질 덩어리인 새 집 증후군의 대명사, 아파트는 살 곳이 아니다.

세 번째는 뭘까? 누구나 쉽게 연상할 수 있을 것이다. 바로 밥이라고 했다. 사람은 먹어야 산다. 밥과 관련된 옛말이 많다. 수염이 대 자라도 먹어야 한다느니 세 끼 굶으면 남의 담장 기웃거리지 않는 자 없다느니 밥이 보약이라느니 하는 말들은 모두 다 먹어야 산다는 원리의 다른 표현들이다. 먹긴 먹되 잘 먹어야 한다. 요새는 뭘 먹어야 건강해지는지가 아니라 뭘 안 먹어야 건강을 지킬 수 있느냐고 할 정도로 음식의 오염이 심하다. 가공된 음식, 화학 농법으로 지은 농산물, 요리 과정이 복잡하고 양념이 지나친 음식 등은 피해야 한다. 때깔과 맛을 내기 위한 첨가물의 범람이 건강을 위협하고 있다. 먹긴 먹되 깨끗한 음식, 자연 그대로의 음식을 먹어야 한다는 말에 토를

달 사람은 없다.

그런데 그 한의사의 마지막 말이 의외였다.

황금 똥의 매력

그 한의사는 네 번째 건강 지표가 뭘까, 하고 되물으면서 나의 고개를 갸웃거리게 하더니 똥이라고 했다. 똥을 잘 눠야 한다는 것이다. 굵고 된 똥, 냄새도 없고 색깔은 황금색인 똥이라고 자세히 설명해주었다. 숨을 잘 쉬고 밥도 잘 먹고 잠도 잘 자야 황금 똥을 눌 수 있다고 하니 어쩌면 네 가지 건강 지표 중에 똥이 으뜸이라 하겠다.

고기 먹고 인스턴트식품을 즐기면 똥에서 악취가 난다고 한다. 색깔도 시커멓게 되고 된똥을 누기도 어렵다. 물똥 누기 십상이다.

언젠가 설사를 심하게 하면서 화장실 휴지를 있는 대로 다 썼던 적이 있다. 수북하게 쌓인 휴지 더미를 보고 문득 떠오른 생각이 하나 있었다. 이 세상에 사람 말고 또 어떤 동물이 똥 싸고 나서 뒤를 닦을까? 아무리 생각해도 내가 아는 모든 동물들은 똥 누면서 똥구멍에 똥을 묻히지 않는다. 어릴 때 키우던 소나 돼지가 그랬고 지금도 키우고 있는 개나 닭이나 고양

이도 그렇다.

누군가는 이런 말을 한 것으로 기억한다. 오늘 내가 눈 똥은 어제 내가 어떤 삶을 살았는지에 대한 성적표라고.

휴지를 쓴다는 것 외에도 음식과 관련해서 사람이라는 동물의 특이점은 여러 가지가 더 있다. 배가 부른데도 계속 먹는 동물, 사람뿐이다. 사람 이외의 동물은 배가 부르면 더 이상 먹지 않는다. 과식이라는 게 없다. 어디 이뿐인가. 몸이 아프고 설사까지 나는데도 기운 차린답시고 먹어대는 동물도 사람뿐인 줄 안다. 짐승을 키워본 사람은 안다. 몸에 상처를 입거나 설사를 할 정도로 소화기관에 이상이 생기면, 짐승들은 바로 식음을 전폐한다. 상한 음식을 먹지도 않지만 쥐약 먹은 쥐를 먹었거나 농약에 중독된 농산물을 먹었을 때도 동물은 그 순간 소위 숟가락을 탁 놓는다. 아무것도 먹지 않는다. 몸의 탁기를 지우는 일을 똥부터 빼내는 것으로 시작한다.

사람은 아파도 먹고 설사를 해도 먹고 배가 불러도 먹는다. 고대 로마 시대에는 귀족들이 소화제를 먹어가면서 계속 음식을 먹었다는 기록이 있다. 어떤 때는 맛난 음식을 계속 먹기 위해 옆에 토구(토해놓는 통)를 갖다두고 게워내가면서 음식을 먹었다고 한다. 이 모든 왜곡의 시발은 어디일까?

멀어져간 똥이 밥 되는 세상

누구는 말한다. 사람이 흙과 멀어지면서 건강이 망가지고 사회 병폐가 시작되었다고. 사람이 흙을 죽이기 시작하면서 사회 병리 현상과 인간의 퇴화가 시작되었다고. 원래 인간은 그 시원을 찾아가보면 병도 없고 괴로움도 없는 삶을 살았다고 한다. 그 근거는 지구 곳곳에 아직도 살아 있는 원주민들을 보면 안다. 내가 작년에 열흘 동안 방문하여 관심 있게 공부했던 호주 원주민의 생활 역시 그랬다.

몇 년씩 병원에 입원하여 생명 연장 기구에 매달려 수명을 이어가는 일이 없다. 누워서 벽에 똥칠해가며 사는 노년이라는 게 없다. 생생하게 잘 살다가 다 살았다고 여겨질 때 돗자리 하나 들고 멀리 사막으로 걸어나가 구덩이를 파고 가부좌를 하고 앉아 한두 시간 내에 지구 여행을 마치고 이승을 떠난다는 기록이 있다. 뭇 동물의 임종과 너무나도 닮았다. 동물들이 그렇지 않은가? 집에서 키우는 반려 동물 말고 야생동물 말이다.

자연 생태성을 유지한 생명체의 모든 임종이 그렇다. 인간처럼 임종이 지저분하지 않다. 자연성을 잃고 흙으로부터 멀어진 삶을 사는 현대 인류만이 속된 말로 구질구질한 임종을 맞는 게 아닐까 싶다. 그 원인을 자연과 멀어진 삶에서 찾고자 한다.

물질 중심의 소유와 탐욕의 삶을 다른 말로 표현하면 '똥이 밥 되는 순환의 삶이 파괴되었다'가 아닐까 싶다.

순환의 한 고리가 끊어져버리고 통하지 않게 된 세상, 그것의 대명사는 밥이 똥 되는 세상의 단절 아닐까. 반본귀진返本歸眞. 그렇다. 존재의 본래 그 자리로 잘 돌아가는 것이 세상의 진리다. 사람이건 동물이건 죽긴 하는데 썩어 흙이 되지 않고 죽었는데도 그냥 그대로 그 몸뚱이가 천년만년 남아 있게 된다면 끔찍하기 짝이 없다. 이 세상은 사람 시체와 동물 사체로 산을 이룰 것이다. 그렇다면 당연한 이치로 밥이 똥이 되고 똥이 다시 밥이 되는 이치가 실현되어야 할 것이다. 누구나 인정하듯이 똥은 밥에서 왔다. 그렇다면 그 똥이 자신의 처음 자리, 밥으로 가야 하는 것이다.

유감스럽게도 똥은 밥이 되는 소중한 자원으로 취급되지 못하고 역겹고 기피해야 하는 쓰레기가 된다. 알려진 바에 따르면 모아진 분뇨와 오폐수는 200해리 공해 상까지 실려나가 해양에 투기되고 있다고 한다. 오폐수 종말처리장에 모아진 똥오줌은 침전물과 건더기를 분리하여 짜내고 열을 가해 말린 다음 항구로 싣고 나가 바지선에 실어 다시 바닷물과 뒤섞어서는 저 멀리 공해 상까지 옮겨 버리고 있다.

생태 화장실 만들기 실습

역사 기록에 따르면 갑오 동학농민운동 때 농민군들이 일본군과 결탁된 관군과 전쟁을 벌이면서도 똥 누러 집에 가야 한다고 하면 허락했을 정도라 하니 얼마나 똥이 밥 되는 삶을 소중히 여겼는지 알 수 있다.

최근에 '백일학교'라는 대안학교를 기획하면서 첫 번째 생활기술 과목을 '생태 화장실 짓기'로 한 것도 이런 문제의식 때문이었다. 똥이 밥 되는 세상의 복원을 중요하게 생각하다 보니 과도한 도시화가 보이고 속도와 경쟁만 일삼는 일상이 보였다. 밥상을 대하는 사람들의 태도가 불경스럽기조차 하다는 인식에 이르게 되었다.

백일학교의 실습 과목으로 정한 생태 화장실 짓기는 똥과 오줌을 분리하는 것에 화장실 내부 장치의 핵심이 있다. 똥에는 호기성 미생물이 있어 공기와의 접촉이 보장되어야 한다. 반면에 오줌에는 혐기성 미생물이라 하여 공기 접촉을 싫어하는 미생물이 있다. 그럼에도 재래식 뒷간은 똥오줌이 섞이고 비가 오면 지표수가 흘러들어 호기성 미생물도 혐기성 미생물도 다 활성화되지 못해 악취와 구더기가 판치게 되는 것이다.

생태 화장실 짓기 과목을 공개로 진행하기로 하고 일반인도 참여토록 했더니 삽시간에 스무 명이나 신청을 해왔다. 노

후를 농촌에서 보내려는 사람도 있었고 도시 생활을 청산하고 자연 속에서 순리의 삶을 살고자 하는 젊은 사람들도 있었다. 자기가 살 집을 자기 손으로 지어보겠다는 사람들 역시 이 강좌에 참여했다.

다양한 참여자를 배려하여 가장 먼저 설계도를 그려보라고 했다. 연필 한 자루와 백지 한 장을 조별로 나눠주고 어떻게 화장실을 지어야 똥이 밥 되는 화장실이 될 것인지 그리라고 했으니 가지가지의 도면이 나올 수밖에 없었다. 화장실 설계도를 심의, 평가하는 기준은 얼마나 똥오줌이 손실 없이 잘 분리되어 모아지는가, 그것이 자연 발효되어 잘 삭게 하는가, 나중에 밭으로 옮기기 좋은 위치에 보관되어 남은 음식물이나 풀, 낙엽 등과 섞어둘 퇴비장으로 먼저 가게 하는가를 고려하는 것이었다.

다섯 개 조별로 설계도를 발표하게 하고 보완에 보완을 거듭하여 한 개의 설계도를 만들었다. 최종 확정된 설계도와 가장 근사한 설계도를 그렸던 조에게는 선물도 줬다. 설계도는 건축 작업의 시금석이다.

설계도를 바탕으로 시공을 할 때 주의할 것들이 많다. 수평과 수직을 정확히 잡는 법이라든가 기둥과 도리목의 중심이 측량의 기준점이 되어야 하는 것 등 한두 가지가 아니다. 주의가 깊지 않으면 잘라놓은 목재를 버리기 일쑤다.

자신의 공간 지각력을 높이는 공부가 개집이라도 직접 지어 보는 것이다. 생태 화장실 짓기 실습에 참여한 사람들은 이제 막 '내 똥은 내가 책임진다'라는 결의를 다졌으되 그 결의가 머리에만 머물고 손과 발까지 당도하지 않은 사람들이다. 오줌 한 번 누고 17리터나 되는 물을 아무 생각 없이 흘려 내리던 사람들이 실습생의 대다수였다. 그 17리터의 물은 또 어떤 물인가. 침전과 여과, 소독과 방염을 거듭한 수돗물이 아니던가? 무심코 편리만 추구하며 저지르는 반 생태적 습성은 우리 생활 구석구석에 널리고 널렸다. 물 부족으로 전국의 모든 저수지 둑을 높이는 공사에 올해만 수천억을 쓰고 있지만 이런 식으로 물을 그야말로 '물 쓰듯' 하다가는 감당하기 어려울 것이라는 게 내 판단이다.

유럽에는 일찍이 도시 아파트까지 수세식 화장실을 극복한 생태 화장실이 들어앉았다. 우리나라도 최근 몇 년 사이에 똥이 밥 되는 세상의 이치를 생활 속에서 이뤄내고자 시도하는 '도시 농부 학교'나 '도시 텃밭 운동'이 활발해지고 있다. 어떤 회원들은 아파트 안의 수세식 화장실을 폐쇄하고 그 자리에 또는 베란다를 고쳐 외부 시선을 차단하고는 똥통과 오줌통을 갖다놓고 볼일을 본다고 한다.

황금 똥 누기 운동본부

이렇게 한 주 동안 모은 똥통과 오줌통을 자동차 트렁크에 싣고, 공동으로 운영하는 도시 텃밭으로 가면 톱밥이나 쌀겨 등을 한 자루씩 받는다고 한다. 이는 집에서 똥을 누고 나서 냄새가 나지 않도록 바로 덮을 수 있는 통기성이 좋은 재료들이다. 특히 쌀겨는 그 속에 호기성 미생물의 먹이가 풍부하게 있어서 똥 냄새가 안 나는 것은 물론, 마치 메주 뜨는 냄새라고 할까 술 익는 냄새라고 할까, 그 비슷한 토속적인 냄새를 풍기며 똥이 발효되는 것을 촉진한다. 오줌은 깔때기를 댄 페트병에 모아서 뚜껑을 잘 막아두면 여름철에는 일주일이면 냄새가 사라질 정도로 부숙이 진행되어 집 안에 있는 화분에 주어도 될 정도다.

이런 예를 하나하나 귀담아들은 실습생들은 못질 하나 톱질 한 번도 시대의 사명감까지 가진 듯 진지하게 했다. 지금껏 망치 자루 한번 잡지 않았다는 여성과 수평기로 수평을 재본 적이 없는 60대 대기업 정년 퇴직자가 한데 어우러져 끝내 화장실 한 채를 완성했다.

아니, 화장실을 완성했다기보다 자기 삶의 생태적 전환의 기초를 놓았다고 해야 할 것이다. 실습이 다 끝나고 소감을 나누는 시간에 다들 이구동성으로 2박 3일의 생태 화장실 짓기

경험을 새로운 발견이라고 했다. 어떤 이가 그랬다. 자기 똥을 책임지는 사람이 되자고. 자기가 눈 똥이 확실하게 밭으로 가 채소가 되고 곡식이 되어 다시 밥상에 오르는 과정을 똑똑히 지켜보고 이를 확인하자고. 또 어떤 사람이 말했다. 황금 똥 누기 국민운동을 벌이자고. 그러면 국민건강보험공단의 고갈 난 재정도 튼튼해질 거라고.

이야기에 탄력이 붙자 여러 기발한 제안들이 쏟아졌다. 자기가 눈 똥을 카메라로 찍어서 서로서로 돌려보자는 수강생이 있었다. 색깔과 냄새와 묽기 정도를 늘 살펴보면서 전날의 자기 인생을 반성하자고. 참 좋은 아이디어였다. 자동차도 정기 검사를 하러 가면 가장 먼저, 가장 집중적으로 검사하는 것이 배기가스다. 기름이 타면서 동력을 얻고 나면 자동차는 배기가스를 배출하는데, 이 배기가스는 자동차의 동력 장치와 연료 장치, 동력 전달 장치 등의 상태를 그대로 반영한다. 사람도 그렇다.

똥은 입으로 들어간 음식물과 눈과 귀, 코, 피부로 들어간 정보들, 그것들이 머릿속에서 가공되고 분리되고 재조합되는 과정을 거쳐 배출되는 결과물인 것이다. 똥이야말로 오장육부의 유기적 작동 상태를 가장 잘 드러내준다고 할 수 있다.

생태 화장실 꾸미기 시간에는 남자 화장실 표시를 '달린 놈'

이라고 써 붙인 사람이 있는가 하면 화장실 안에다가 '당신이 그 안에서 사색에 잠기면 밖에서 기다리는 난 사색이 된다'라고 써 붙인 사람도 있었다. '똥이 대접받는 곳. 똥이 제자리로 가서 제 역할을 하게 하는 곳. 비로소 사람 사는 세상'이라는 표어도 등장했다.

  수강생뿐 아니라 강사인 나도 생태 화장실 하나 짓는 데 그치지 않고 의식이 크게 확장되는 체험이었다.

강도운

강도운
2005년 「덜어내며 살기」 「앙코르 와트」로 〈한국수필〉 신인상을 수상했다. 「흑백사진」 「나이를 놓치다」 등 다수의 수필을 발표했다.

언젠가는

요즈음 나는 우울하다. 유달리 신의가 두텁다고 믿었던 사람에게서 느낀 절망감은 내게 엄청난 후유증을 안겨주었다. 대가를 바란 것도 아니고 같은 생각을 요구했던 것도 아니건만 상대의 마음을 이리도 몰라주나, 하는 데서 오는 답답함은 나를 매사에 무기력한 사람으로 몰아갔다. 사람을 만난다는 것 자체가 두렵고 엄두가 나지 않아 두문불출한 지 어느새 한 달이 가까워 오고 있다.

이런 나의 심사를 눈치라도 챈 것일까. 마침내 백작약 꽃이 신비스러운 자태를 드러내기 시작했다. 진즉부터 기르고 있었으나 도통 꽃을 보여주지 않던 터라, 그 반가움은 더욱 클 수밖에 없었다. 희고도 여린 꽃잎을 들여다보고 있노라니 조금

전의 심경은 온데간데없이 자취를 감춘 듯싶다. 정성을 들여도 뜻대로 되지 않는 일들이 허다한 참에, 이 꽃만은 내 마음을 헤아려주는 것 같아 더없이 대견하다. 수년에 걸친 나의 수고를 쉽사리 저버리지 않았으니 말이다.

이제 겨우 피기 시작한 꽃을 바라보며 상념에 젖는다. 삼 년 만에 핀 기다림의 꽃. 그 모습이 청아하고 수려하다. 수줍은 듯 이슬을 머금고 피어 있는 꽃을 바라보는 시간, 가히 신선이라 할 만하다. 이제 하루의 첫 일과는 백작약을 대면하는 일이 될 것이다. 그 순간에 맛보게 될 행복, 자신의 노력으로 한 생명을 피워냈다는 만족감이 꽃향기를 타고 솔솔 풍겨올 것만 같다.

골짜기의 잔설이 녹아내리는 시기가 되면 꽃 시장은 뿌리 번식을 하는 화초들을 사러 나온 사람들로 분주하다. 목본일 경우도 있고 더러는 초본일 경우도 있지만, 지상으로 피어날 꽃을 상상하면서 고른다. 그 꽃의 실체를 알기에 흙에 싸인 뿌리를 보고서도 아름다운 꽃을 그려볼 수 있다. 이렇게 구입한 후에는 좋은 토양을 마련해 가려 심기를 여러 번 한다. 그렇다고 다 살아나서 실한 꽃을 피우지는 않는다.

한번 나간 꽃 시장에서 매번 마음에 드는 화초를 고르는 것은 아니다. 누가 우리 집 식구가 될 수 있을까, 하며 기웃거리

다가 그냥 돌아설 때도 있다. 하지만 빈손으로 오는 게 서운해서 조그마한 것이라도 하나 사 들고 올 때도 더러 있다. 예상 밖의 인연이라서 그런지, 이렇게 구입한 것일수록 키우는 재미가 제법 쏠쏠하다.

세월이 흐르다 보면 사람의 기호도 바뀌는가 보다. 예전에는 꽃을 피우는 화초보다 사철 내내 푸른 잎이 지지 않는 것을 더 선호했다. 그래서일까. 한겨울에도 집 안에 들어오면 여름 숲에 안긴 듯한 착각이 들기도 했다. 그러나 이제는 각양각색의 꽃을 피우는 화초들에게 더 마음이 간다. 하나둘씩 들여와 갖은 정을 주다 보니, 어느새 집 안에는 화분이 즐비하게 놓여 있다. 처음에는 겨우 살리는 재미에 그쳤으나, 시간이 쌓이다 보니 그것을 번식시켜 늘리는 재미 또한 만만치 않다는 것을 알게 되었다. 어느 것은 열 분으로, 또 어느 것은 열다섯 분으로까지 번식시켰다.

내 손으로 빚어내는 사랑으로 연약한 것이 자라고, 그것이 점점 늘어날 때의 기쁨은 실로 크다. 백작약과의 인연도 그랬다. 모처럼 꽃 시장에 들르고자 집을 나선 건 오월이 막 시작된 무렵이었다. 맨살에 와 닿는 바람과 코끝을 스치는 향기가 더없이 싱그럽게 느껴지는 토요일 오후. 어느새 봄이 깊었는지, 거리는 만개한 이팝나무 꽃으로 가득 차 있었다. 가지마다 흰쌀밥을 소복이 퍼 담고 있는 것 같은 나무들을 바라보자니, 아름다운 자연의 순환에 숨이 막힐 지경이었다. 바람이 불 때마다 쌀알 같은 꽃잎을 뿌리는 가로수 길을 따라 꽃 시장 쪽으로 발길을 옮겼다.

꽃 시장에 가려면 장터 골목을 지나야만 하는데, 계절의 화사함과는 다르게 장터는 의외로 한산한 모습을 하고 있었다. 좌판 위에 놓인 채소는 온종일 내린 햇살에 생기를 빼앗긴 양 축 처져 있고, 얼음 위에 놓인 생선들은 비릿한 냄새를 풍기며 말라가고 있었다. 고추나 과일 모종을 파는 몇몇 가게만 사람들로 북적일 뿐, 예전에 느꼈던 장터의 풍성함이나 분주함 따위는 찾아보기 어려웠다. 그 광경을 보고 있으려니 왠지 모르게 내 마음도 시들해지는 것만 같아, 허리를 곧추세우고 폐부 깊숙이 소생의 기운을 들이마셨다.

꽃 시장에 들어섰을 때, 마치 나를 기다리고 있었던가 싶게 백작약이 눈에 띄었다. 다른 것들에 비해, 기운을 잃은 듯 놓여 있는 모습이 유난히 안쓰럽게 느껴졌기 때문이다. 봄날 같은 사랑으로 키워보자 마음먹으며 두 덩이를 구입했다. 부엽토를 마련한 뒤 큰 화분에 정성을 다해 심었다. 화분에 올린 지 얼마 되지 않아 불그스름한 새순이 돋았으나, 그 모습이 튼실해 보이지는 않았다. 바뀐 토양 탓에 몸살을 앓는 건지, 아니면 떠나온 고향을 그리워하다가 야위어졌는지. 비록 말 못 하는 식물이지만 측은하다는 생각이 들어, 다른 것들에 비해 각별히 사랑을 주기 시작했다.

그렇게 한 해를 보내고 난 뒤에 다시 나온 싹은 예전의 것과는 완연히 달랐다. 제법 실해 보이는가 싶더니 마침내는 꽃대를 올리기 시작했다. 노심초사하며 눈길을 준 지 여러 날이 지났다. 하지만 마냥 좋아할 일만은 아니었다. 웬일인지 그 꽃대는 제 머리에 화관을 쓰지 못하고 시들시들하며 말라갔다. 결국 두 해가 지나도록 내 정성의 모자람만을 일깨워줄 뿐, 쉽사리 꽃망울을 맺지 못했다.

세상의 일이 어느 것 하나 그리 만만한 게 있겠는가. 미약한 보살핌만으로 자신의 뜻이 쉽사리 이루어지리라 생각했다면, 이는 과욕에 불과할 따름이다. 온전한 마음으로 정성을 다할 때라야 이마에 맺힌 땀을 닦으며, 비로소 꽃을 대하는 참 기쁨을 누릴 수 있을 것이다. 초조해하거나 서두르지 마라, 매사에 인내하는 법을 배워라, 꽃대는 묵언으로 나에게 이르고 있는 듯했다.

가냘픈 것을 들고 이리저리 양지를 따라 옮겨주며 보내길 세 해, 오직 뿌리 하나만 믿고 보낸 시간이었다. 다시 실한 새순이 올라오기 시작했다. 이윽고 꽃대 끝에 꽃망울이 맺혔다.

한 화분에는 일곱 개, 옆 화분에는 아홉 개의 꽃망울이 맺혔다. 지난해처럼 꽃을 피우지 못하면 어떡하나, 하는 마음에 수시로 살펴보았다. 내 눈빛을 먹고 자란 것일까. 꽃망울이 점점 커지는가 싶더니 연백색의 꽃이 수줍은 듯 고개를 내밀었다. 드디어 기다리고 기다리던 꽃이 피어난 것이다.

실내에 만들어놓은 조그만 뜰 앞에 앉아 그동안 심어왔던 화초들을 떠올린다. 그 어린것들을 재배하기 위해 돌을 고르고 흙을 파 엎고, 수시로 거름을 사다 날랐다. 뒤돌아보니, 나는 언제나 연약한 것을 구해 와 변하지 않는 애정으로 보살펴주었던 듯하다. 남들이 웬만큼 키워놓은 화초보다는 작고 허약한 것을 데려와 마음을 다해 길렀다. 그리하여 흘리기 쉬운 것들과 놓치기 쉬운 것들을 내 품으로 안아들였다. 이런 마음을 저버리지 않고, 종래에는 아름다운 꽃과 향으로 보답하는 그들이 참으로 고마울 따름이다. 이럴 땐 사람보다 더 낫다, 싶기도 하다.

우울한 마음을 털어버리듯 힘차게 자리에서 일어선다. 어디에선가 나의 손길을 기다리고 있을 그들을 위해 꽃 시장에 나가볼 작정이다. 오랜만의 외출이라서 그런지 손보다 마음이 먼저 바쁘다. 건넨 만큼 충분히 화답할 줄 아는 그들이 있기에 나는 진정으로 행복하다. 언젠가는 사람도 이러하려나.

샹그릴라

낙원으로 가는 길은 멀고도 험했다.

경사가 심한 산기슭에는 메마른 밭이 있고, 어쩌다 보이는 논들은 좁은 계곡을 따라 층층이 이어져 있다. 붉은 흙벽으로 지어진, 창이 보이지 않는 집들, 흡사 곡식 창고를 연상하게 하는 집들이 드문드문 서 있다. 보호받지 못하는 변방의 삶이 자신의 집에조차 창문을 낼 수 없게 했을 거라 생각하니, 소수민족의 애환이 가슴을 치고 지나간다. 토담이나 대문 앞에 붙여놓은 해석이 불가한 부적들, 길게 엮어 말린 옥수수 더미들이 그들의 지난한 삶을 대변해주는 듯 보였다.

비좁은 길을 돌며 한나절을 넘게 달렸다. 산은 높았고 길은 푸른 하늘에 가 닿았다. 가파른 길은 허공에서 머리를 틀고,

하늘이 있어야 할 자리에는 또 다른 산자락이 모습을 드러냈다. 그야말로 산과 하늘의 연속이다. 바로 여기가 말로만 전해 듣던 '차마고도'란다. 그 옛날 티베트의 말이 지나고, 한족의 차가 넘어갔던 전설 같은 그 길. 왜 하필이면 그들은 말과 차를 맞바꾸었을까. 추운 지대에 살며 야크와 유제품을 주식으로 삼던 티베트인에게는 식물성 비타민을 얻기 위한 절대 품목이 바로 차였을 거라는 데 생각이 닿는다.

그 차마고도의 끝에 지상의 낙원이라 불리는 '샹그릴라'가 둥지를 틀고 있었다. 예전의 티베트인들이 유토피아라고 생각했던 꿈의 도시다. 해발 삼천이백 미터나 되는 고지 위에 위치한 이곳은 제임스 힐튼의 소설 『잃어버린 지평선』에서 지상의 낙원으로 묘사된 마을이다. 소설 속에서는 티베트의 산맥에 있는 라마교 사원 공동체로서 신비스러운 가공의 유토피아로 그려졌다. 주인공이 세상에 대한 미련을 버리고 찾아 떠난 도시가 바로 여기인 셈이다. 이후 실제로도 사전에 등재되어 지금은 이상향을 의미하는 일반 통용어로 사용되고 있다.

도시에 들어서자 먼저 눈에 뜨인 것은 산 위에 세워져 있는 송림찬사였다. 어찌나 규모가 크고 외관이 화려한지, 멀리서 보았을 뿐인데도 그 위용에 지레 주눅이 들 지경이다. 라사에 있는 티베트 사원들처럼 산 위에 층층이 세워진 형태라서 그런지, 마치 티베트의 포탈라 궁을 보고 있는 듯한 착각이 들기도 했다. 건물 외벽에는 윤회사상을 상징하는 문양과 조각들이 문신처럼 박혀 있었다.

사원으로 오르기 위해서는 까마득히 보이는 높은 계단을 올라가야 했는데, 설상가상으로 고산병까지 겹쳐 숨은 더욱 가빠졌다. 숨이 턱 밑까지 차오를 무렵이 되어서야, 구원의 끝처럼 자리한 사원에 다다를 수 있었다. 한낱 숨 쉬는 일조차 힘겨워하는 내게 수도의 길은 얼마나 요원한 일이 될 것인가. 가쁜 숨을 고르기 위해 뒤처진 걸음으로 천천히 사원을 둘러보았다. 그런데 갑자기 어지럼증이 인다. 준비해간 산소마스크를 코에 갖다 댄다. 순간 한없이 작아지는 나를 느낀다. 이런 나약함을 질책이라도 하듯 고산병은 내내 나를 괴롭혔다.

가뜩이나 어지러운 머리 위로 까마귀 한 마리가 계속해서 저속 비행을 한다. 왠지 꺼림칙한 기분이 들어 손을 휘저어 쫓아보지만, 까마귀가 알아들을 리 만무하다. 시체를 토막 내어 독수리나 까마귀에게 보시하는 곳이 조장 터인데, 사원 주변에 나타나는 것들은 건너편 산에 있는 조장 터에서 시체를 뜯어 먹고 날아온 까마귀들이란다. 그러니까 이곳에서는 죽음이 곧 삶의 과정이고 삶이 또 다른 죽음의 과정인 것이다. 삶과 죽음이 공존하는 곳에서의 유토피아란 과연 무엇일까.

아마도 조장은 자연환경과 죽음의 이해에 대한, 가장 적절한 시신 처리 방식일 것이다. 고산지대이기 때문에 나무를 구하기 힘들어 화장은 불가능할 것이며, 산소 또한 희박해 매장을 하면 시신이 썩지 않으므로 이도 불가능할 것이다. 그나마도 조장은 부유한 사람들만이 치를 수 있는 장례 의식이라고 하니, 어디를 가나 빈부의 격차는 있기 마련인가 보다. 지상의 낙원으로 알려진 곳에서도 이러한 것을 보면 말이다.

조장 터 뒤쪽으로 펼쳐진 산들을 따라가면 티베트의 라사에 다다른다. 길가의 표석에 쓰인 '라사로부터 몇 킬로미터'는 많은 것을 시사해주었다. 내가 있는 곳으로부터 어디쯤에 라사가 있는 것이 아니다. 내가 라사로부터 얼마나 멀리 떨어져 있느냐가 중요한 문제다. 몸은 비록 중국에 있을지라도 늘 티베트를 향하고 있는 그들의 마음이 절절히 느껴지는 순간이다. 이들에게 지상의 낙원은 바로 자신들의 나라, 티베트가 아니었을까.

지금은 중국의 땅이 되어버린 도시, 샹그릴라. 그래서인지 도심 어디에서도 유토피아다운 면모는 찾아볼 수 없었다. 친환경적인 장례 문화가 현존하고 삶과 죽음이 공존하는 곳, 자본주의 사회와 마찬가지로 빈부의 차이가 있는 곳, 나에게 샹그릴라는 혼돈의 도시로 다가올 뿐이었다. 그렇다. 삶과 죽음이라는 게 워낙 혼돈의 바다 위에 떠 있는 부표 같아서, 인간은 저마다 이상향을 꿈꾸는 것일 게다.

  영원히 닿을 수 없는 곳이기에 더욱 간절해지는 꿈의 도시, 샹그릴라는 그저 우리의 관념 속에서만 존재하는 이상향은 아니었을까.

양문규

양문규
1989년 〈한국문학〉에 시 「꽃들에 대하여」 등을 발표하며 등단했다. 시집 『식량주의자』 『집으로 가는 길』 『영국사에는 범종이 없다』 등을 펴냈으며 평론집 『풍요로운 언어의 내력』을 집필했다.

자연 그대로의 길
천태산 은행나무

만산홍엽으로 가는 가을 한가운데 나는 무엇을 말할 수 있을까요. 오고 가는 것에 대해, 사라질 운명에 처한 낡고 오래된 것들과 이미 사라져 그 흔적도 찾아볼 수 없는 것들에 대해 곰곰 생각하며 충북 영동의 천태산 은행나무(천연기념물 223호)를 바라보며 서 있습니다. 천태산 은행나무는 지금 노랑말로 말하고 있습니다.

천태산의 은행나무는 언제 보아도 아름답기 그지없습니다. 봄, 여름, 가을, 겨울, 계절을 떠나 그 기품과 넓이로 제자리를 지키고 있다는 것만으로도 살아 있는 역사이지요. 봄날 세상의 만물을 일깨우는 작은 이파리의 새로움으로부터 그늘의 깊이를 더해주는 무성한 여름을 지나면 가을이 있지요. 그 한가운데 누구나 한 번은 생의 절정을 저렇게 환한 노랑말로 노래하고 싶을 것입니다. 그리고 비바람 부는 날 천태산 은행나무는, 이파리란 이파리는 아무런 미련 없이 다 떠나보내고 혹독한 겨울을 맞겠지요. 그러나 그 겨울의 끝자락에는 또 하나의 생을 꿈꾸는 봄날이 기다립니다.

다시 봄날은 시작되고 그리고 여름 지나 가을, 나는 그중 순금 빛으로 환하게 빛나는 가을 속의 은행나무를 가장 사랑합니다. 저뿐만 아니라 천태산을 즐겨 찾는 내방객이 가을철에 인산을 이루는 연유가 여기에 있겠지요. 그러나 그 시간은 매우 짧습니다. 잠시 잠깐 한눈을 파는 사이 천년 은행나무는 모든 것을 비우고 침묵 속에 깊이 침잠하여 묵상의 시간으로 건너가기 때문입니다.

지금 천태산의 해와 달과 별, 바람과 구름, 나무와 풀, 들짐승과 날짐승 등을 비롯한 뭇 생명들은 누가 먼저랄 것 없이 덩달아 은행나무를 따라 노랑말을 하기 시작하였습니다. 천태산 입구에서부터 천년 은행나무가 자리한 약 1킬로미터의 등산로 양옆으로 걸려 있는 전국 시인 326명의 시도 그러합니다. 나는 그 길을 따라 오늘도 은행나무 곁으로 달려갑니다.

가을에는 누구나 시인이 된다고 합니다. 저 쓸쓸하게 저물어가는 노을을 바라보는 눈빛이 그러하고요. 붉게 물든 낙엽을 따라 어디론가 떠나고 싶은 마음이 그러하겠지요. 익어가는 들판을 물끄러미 바라보면 거기 하늘과 땅과 바람과 햇빛이 한 호흡으로 숨 쉬는 경이로움을 만납니다. 계곡의 물소리가 무심無心으로 깊어가는 것처럼 우리 가슴에 시심詩心 또한 깊어지는 것이지요. 그래서 가을에는 억새가 서걱이듯 누구나 일탈을 꿈꾸는 시인이 됩니다. 천태산에 펼쳐진 시의 숲길을 걸어 천년 은행나무를 찾는 사람들도 그러합니다.

농경 사회가 해체된 자리에는 현대사회의 상징물인 보다 큰 도시만 존재합니다. 그 도시에는 도도한 자본의 물결로 출렁입니다. 국가는 말할 것도 없고 자신을 포함한 이웃의 중심에는 항상 자본만을 좇는 사냥개가 들어 있는 것만 같습니다. 보다 행복한 삶을 누리는 게 마치 큰 부를 얻어야만 이룰 수 있는 것으로 치부되니까요. 아파트와 자동차를 비롯하여 생활필수품에 이르기까지 모두 명품, 명품만을 외치는 것에서 이를 찾을 수 있습니다. 세계화의 본질도 그런 데서 출발하고 있다면 큰 문제가 아닐까요.

너의 나라에는 언제나 그렇게 비가 오니?
언제나 비가 내려 손금을 적시니?
열 손가락마다 빗방울 톡톡 듣는 네 작은 손은

하나하나 우산을 만드는구나!

커다란 우산 아래인 그 나무, 천태산 은행나무길로

천 리를 배회하다 지친

나는 생각했다

은행알 하나하나를 결실하기 위해서

천 개의 네 작은 손은

푸른 우산 하나를 받쳐 든 거라는 사실을

푸른 우산이 어느 가을날

순노랑 빛깔을 띠고 시야에 넓게 들어찼다

그날도 비가 왔지만

노랑 비에 머리칼 젖은 사람 아무도 없었지

은행잎들은 나비날개로 대지 위에 넉넉히 내려앉았고

푹신한 요 위에 은행알들은 맘 편히 뒹굴었지

잘 익은 그 열매가 말하는 것

나는 알았다

우람한 금융시장인 그 나무가

지폐에만 골몰하던 헌 지갑 속에 공짜로

황금빛 금화인 은행잎을 빗소리 섞어 가득가득

넣어주는 것을!

— 김영찬, 「천태산 은행나무는 우람한 금융시장」 전문

지방자치 시대가 열리면서 각 지역마다 크고 작은 축제가 홍수를 이루고 있습니다. 문화·예술 축제부터 지역 특산물 축제, 자연·생태 축제가 그것인데요. 이들 축제의 대부분은 축제가 지닌 고유한 의미를 상실한 채 지역 알리기 및 재화 얻기에 몰두하는 게 주지의 사실입니다. 그러다 보니 축제를 여는 의미가 어디에 있는지 자문하지 않을 수 없습니다. 찾아가는 축제장마다 번잡하고 요란하기 그지없는 난장과 초청 가수의 공연뿐인 경우가 허다하지요.

자연·생태 축제도 예외는 아닐 것입니다. 자연과 사람, 자연과 문화, 자연과 사람과 문화가 어우러진 흥겨운 축제, 서로 나누고 베푸는 삶의 양식으로 융합되는 축제가 아니라 인간의 이기만을 좇아 자연과 생명을 이용하는 경우가 허다합니다. 이들 축제는 대부분 지역 홍보 및 지역 경제를 활성화하는 데 그 목적을 두고 사람을 모으니까요. 동식물 관련 축제 중 반딧불이 서식지 관람, 바다 갯벌 체험 및 조개 잡기, 강 고동 및 민물고기 잡기 체험 축제는 오히려 자연의 아름다운 경관을 해칠 뿐만 아니라 종국에는 이들 서식지의 파괴를 가져올 것이 자명한데도 말입니다.

이 시의 화자는 지금 천태산 은행나무를 만나는 중입니다. 여기까지 오는 데에는 많은 우여곡절이 있겠지요. 그중 자본으로 표상되는 도시적 삶을 사는 고충이 제일 클 것입니다. 보다 풍요로운 삶을 살아내기 위해 언제나 "우람한 금융시장"을 기웃거려야 합니다. 지갑에 재화를 가득가득 채우기 위해 세상을 전사처럼 누벼야 하지요. 앞으로 앞으로만 치닫는 현실의 "천 리를 배회하다 지"쳐 고개 들어 하늘을 봅니다. 그리고 가슴을 쓸어내리며 쓸쓸한 풍요에 허기가 지는 우리네 삶의 현실입니다.

그러나 "순노랑 빛깔을 띠고" 있는 천태산 은행나무는 자연 그대로의 "우람한 금융시장"으로 마음을 사로잡습니다. 뿐만 아니라 천태산 은행나무는 "지폐에만 골몰하던 헌 지갑 속에 공짜로 / 황금빛 금화인 은행잎을 빗소리 섞어 가득가득 / 넣어주는" 자연 그대로의 부처입니다. 여기서 우리가 주목해야 할 것은 시인의 인생관입니다. 기쁨과 행복, 꿈과 희망이 큰 재화 속에 있는 것이 아니라 우리의 마음, 저 자연 그대로의 순금빛 나무에 맞닿아 있다는 데 있습니다.

나무야 네게 기댄다
오늘도 너무 많은 곳을 헤맸고

많은 이들 사이를 지나왔으나

기댈 사람 없었다

네 그림자를 몸에 숨기게 해다오

네 뒤에 잠시만 등을 기대게 해다오

날은 어두워졌는데

돌이킬 수 없는 곳까지 왔다는 걸 안다

네 푸른 머리칼에 얼굴을 묻고

잠시만 눈을 감고 있게 해다오

나무야 이 넓은 세상에서

네게 기대야 하는 이 순간을 용서해다오

용서해다오 상처 많은 영혼을

— 도종환, 「나무에 기대어」 전문

나무가 베푸는 삶의 양식은 너무나 크고 고귀하며 숭고합니다. 시적 화자는 지금 나무를 통해 자신의 삶을 되돌아보며 "상처 많은 영혼"에 대해 용서를 구하고 있습니다. 마치 죄 많은 사람이 신 앞에서 오열하며 용서를 구하는 종교적 의식과도 같은데요. 그 삶은 도시적인 것으로 몸과 마음의 상처를 안고 살아가는 우리들의 일상을 대변하는 것일지도 모릅니다. "오늘도 너무 많은 곳을 헤맸고 / 많은 이들 사이를 지나왔으나 / 기댈 사람 없"습니다. 이제 "날은 어두워졌는데 / 돌이킬 수 없는 곳까지 왔다는 걸" 깨달았을 때 그 절망과 그 먹먹함과 그 외로움이 얼마나 컸을까요. 그러나 시인은 지혜롭게도 "이 넓은 세상에서" 기대야 할 곳은 나무, 즉 도시적 삶의 표상인 자본이 아니라 자연 그대로의 삶을 살아가는 자연이라는 것을 잘 알고 있습니다.

나무에 기대어 살아가는 사람이 어찌 도종환 시인뿐이겠습니까. 일찍이 모악산에 거처를 두고 살다 몇 년 전 지리산 자락 악양으로 새로운 삶의 보금자리를 튼 박남준 시인이 그러하고요. 정선 구절리를 거쳐 영월 만경대산에 농사를 지어 자급자족의 삶을 살아가는 유승도 시인도 있지요. 이원규 시인은 나보다 먼저 서울 생활을 청산하고 지리산 자락에 거처를 두고 생명·평화 운동을 펼치고 있습니다.

이 세상 그 어디에 자연, 생명, 평화보다 더 소중한 게 있을까요. 나는 서울 생활을 청산한 이후 10여 년 동안 천태산 자락에 살고 있습니다. 비가 오나 눈이 오나 천태산 은행나무와 함께 살고 있는데요. 천년 은행나무는 내게 자연의 벗이며, 생명의 구원자이고, 평화의 상징입니다. 나는 천태산 은행나무의 고귀한 생명을 내 일처럼 기뻐하고 감사하게 여기며 살아가고 있습니다. 또한 천태산 은행나무를 보존하고 가꾸는 데 심혈을 기울이고 있습니다. 이를 위해 2009년 '천태산은행나무를사랑하는사람들'이 조직되었는데요. 이는 천태산 은행나무가 서 있는 천태산 일원 자연의 보존 및 뭇 생명들의 평화를 지켜내는 것을 통해 자연, 생명, 평화, 시가 어우러진 삶의 향연을 펼치기 위함이지요. 그 후 우리는 해마다 천태산 천년 은행나무가 노랗게 물들 무렵 전국 시인의 시와 마음을 모아 '천태산 은행나무 시제詩祭'를 열고 있습니다.

처음 '천태산 은행나무 시제'를 준비할 때에는 그 고충이 이만저만이 아니었습니다. 아무리 아름다운 뜻을 가진 사람들이 모였다 해도 재정이 빈곤한 상태에서 무엇 하나 제대로 해낼 수 있을지 이런저런 생각으로 고민도 깊었고요. 무엇보다 시제의 화두를 어디에 두느냐에 그 고민이 있었는데, 천태산 은행나무의 천년 숨결을 읽어내고 실천하는 양식으로, 자연과 생명, 평화, 시가 어우러진 삶의 향연이라는 생각에 이르렀을 때 그 해법이 보였습니다. 첫해는 '천태산 은행나무 시제'만을 지냈고, 다음 해 '천태산 은행나무 시제'의 일환으로 걸개 시화전도 열 수 있었으며, 사화집 『시를 부르는 은행나무』도 펴낼 수 있었습니다. 두 해 동안 축적된 경험을 바탕 삼아 올해는 걸개 시화전 및 사화집 『노랑말로 말한다』, 천태산은행나무문학상 시상 및 수상작을 천태산 은행나무 앞에 샌드블라스트

양문규 101

시화로 설치하는 등 다양한 행사를 마련하였습니다. 무엇보다 기쁘고 행복한 것은 전국의 326명 시인이 자연, 생명, 평화, 시가 어우러진 삶의 향연에 기꺼이 함께하며 아름다운 가을 풍경이 되어준 것입니다. 이에 깊은 의미를 두고 있습니다.

천태산 은행나무 큰 덩치 하나 내려앉았다

간밤 다녀간 비와 바람의 농간이라 하지만

하루하루, 아름다운 낙지(落枝)를 위해

깊은 어둠 끌어안고

스스로 구멍을 내는 데 게으름 피우지 않았다

그 공덕으로 마침내 허공이 열려

또 한 짐 부릴 수 있으니

절 한 채 떠메고 가는 비책, 저 구멍에 있다

— 황구하, 「환한 구멍」 전문

　재화를 얻기 위해서 자연·생태 환경도 도외시한 채 전국 곳곳에서는 마구잡이 개발이 한창입니다. 그 개발의 후유증은 온전히 우리에게 돌아오는데요. 지난여름 장마 때 서울 우면산 산사태가 몰고 온 인명, 재산 피해가 그 단적인 예가 될 것입니다.
　그러나 천태산 은행나무는 자연 그대로의 삶을 살아가고 있습니다. 그런 연유로 오고 가는 것에 대해, 사라진 것에 대해 연연해하지 않습니다. 지난겨울 폭설 때에 잔가지를 무수히 내려놓고도 우렁우렁 꿈과 희망을 펼쳐놓고 있으니까요. 어디 그뿐이겠습니까. 우면산 산사태 이후 영동에도 큰비와 폭풍이 몰아쳤습니다. 그때 굵은 가지 하나를 또 내려놓았지요. 어찌 그것을 "간밤 다녀간 비와 바람의 농간"이라 할 수 있는지요. 시인은 이를 "하루하루, 아름다운 낙지(落枝)를 위해 / 깊은 어둠 끌어안고 / 스스로 구멍을 내는" 일이라 하였습니다. 선방에 걸망을 풀고 수행에 드는 일이지요. 귀를 닫고 입을 닫고 내 안의 소리에 귀 기울이는 일인 것입니다.
　하여 "그 공덕으로 마침내 허공이 열려 / 또 한 짐 부릴 수 있으니" 저 천태산과 영국사를 오늘까지 지켜내는 게 아니겠는지요. 그렇게 천태산 은행나무는 한창 노랑말로 말하고 있는 중입니다.

장자가 말하는 삶의 길은 어떤 인위적인 것도 거부하는 자연 그대로의 자연스러움, 무위자연無爲自然에 있습니다. 따라서 하늘이 맑은 것은 하늘이 무위하기 때문이고, 땅이 평안한 것은 땅이 무위하기 때문이라고 역설한 것이지요. 천태산 은행나무가 살아가는 길이 거기에 있습니다.

요즘 우리 시단은 새로운 형식의 실험시가 마치 주류인 것처럼 미래파를 비롯한 일군의 시인들이 서로 자랑하기 바쁩니다. 뿐만 아니라 전통 서정에 기반한 생활 시편이나 친자연적 생태·환경 시편들은 낡은 유물로 치부하기 일쑤입니다. 그러나 천태산 은행나무는 오래되고 낡은 것들 속에 새로움의 삶이 들어 있다는 걸 가르쳐주고 있습니다. 그것은 하루하루 나와 이웃과 자연과 세상이 서로 소통하고 공명하며 감동하면서 살아가기를 바라는 천년 고귀한 숨결입니다. 즉 무한한 창조적 상상력으로 마음 깊은 곳에 서식하는 우주적 본성을 깨우쳐 나날이 행복한 삶을 살아가라는 가르침이기도 합니다. '천태산 은행나무 시제'를 갖는 취지가 여기 있습니다.

'천태산 은행나무 시제'는 자연의 잔치요 생명의 잔치이며, 나아가 평화를 구현하는 시인들의 작은 열망이기도 합니다.

"읽을 건 계절과 자연이지 / 시대나 세상이 아니"(유안진, 「노랑말로 말한다」에서)라는 걸 명징하게 보여주는 잔치입니다.

저 화려한 빛과 그림자 속에 전국 326명의 시인도 시와 마음을 모아 순금 빛 나무로 물들고 있습니다. 천태산 은행나무가 커다란 붓이 되어 노랑말을 쓰고 있습니다. 있는 그대로의 삶을 통해 어떻게 아름다운 삶을 이룰 수 있는가를 노랑말로 한 잎 한 잎 말하고 있습니다.

가을이 깊어갑니다.

박모니카

박모니카
2007년 신라문학대상 수필 부문에서 「매생이」로 대상을 수상했으며 2008년 〈경남일보〉 신춘문예에 「멱둥구미」가 당선되었다. 「시뮬라크르」 「동행」 등 다수의 수필을 발표했다.

풍죽도

보인다고 다 보는 것은 아니다.

사물의 끄나풀과 끝은 팽이채와 팽이 같다. 팽이채에 감겼던 팽이를 어디쯤에서 잡아당겨야 구심점을 잃지 않고 스스로 돌아갈 수 있게 되느냐는 치밀한 수학적 계산에서 이루어지는 것이 아니다. 순전히 감각에 의존한다. 그래서 팽팽한 긴장감을 동반한다. 보이는 것을 볼 수 있으려면 감각은 늘 긴장하고 있어야 한다는 의미이기도 한 것이다.

그래야 사물의 본질에 접근할 수 있는 끄나풀을 손에 쥘 수 있다.

모든 발견의 출발점은 의도하지 않은 곳에서 우연히 시작할 때가 많다. 콜럼버스는 지구 대척점을 찾다가 서인도제도를 발견했고 연금술사는 화금석을 추구하다가 합금술을 발견했다.
　의도하진 않았으나 시도했기 때문에 이루어진 성과이기도 한 것이다.

　가장 흔하고, 자주 대하는 지폐에서 〈풍죽도〉를 발견한 것은 실로 우연이었다. 우연은 필연을 가장할 때가 많다. 어쩌면 지금껏 나는 지폐 속의 그 귀한 고서화가 철저히 의도된 동기로 그려졌음에도, 사용하는 데만 급급해서 지폐 안에 무엇이 들어 있는가를 보지 않으려 했을 게다.
　보려고 시도했기에 보였을 뿐인 것이다.
　5만 원권 신권을 무심코 불빛에 비추어 본 어느 늦은 밤, 난 놀라움을 금치 못했다. 지폐 안에 촘촘하고 빼곡히 들어찬 그림들에는 어느 면, 어느 각도에서도 똑같은 선이나 점이 없었다. 그 정교함에 소름이 돋았다. 신사임당의 머리칼 한 올 한 올이 살아 있었고 잔잔한 미소를 움직이는 근육의 선에는 따뜻한 피가 흐르고 있어 온기를 느끼게 했다. 미세의 극이 이런 것일까. 온몸의 신경이 칼처럼 날을 세웠다.
　〈묵포도도〉의 잎맥 물관부에서는 물을 흘려보내는 듯 촉촉했고, 포도 알은 물고 있던 햇볕을 금방이라도 뿜어낼 것처럼 영글어 있었다.

뒷면은 어떨까 싶어 돌려보니 어몽룡의 〈월매도〉가 새겨 있었다. 휘영청 만월에서 쏟아져 내리는 달빛 가루로 매화꽃이 팡팡 터지고 있었다. 부러진 가지를 딛고 하늘 향해 쭈욱쭉 뻗은 어린 가지는 솟구쳐 오르려는 활기가 넘쳐났다. 누르려고 해도 어쩌지 못할 만큼 주체하기 어려운 힘이 느껴졌다.

거기까지만 보고 지나치려는데 〈월매도〉의 후광에 언뜻 비치는 그림이 있었다. 꼼꼼히 들여다보니, 보일 듯 말 듯한 탄은 이정의 〈풍죽도〉가 바위 위에 뿌리를 박고 있는 것이 아닌가. 탄성이 저절로 나왔다. 어릴 적 내 마음을 사로잡아버렸던 〈풍죽도〉를 5만 원권 신권에서 발견하다니…….

〈풍죽도〉를 좋아하게 된 데에는 그만한 이유가 있었다. 아버지 때문이었다. 어린 시절 말표 신발 도매상을 하던 아버지에게 위기가 찾아온 적이 있었다. 보증을 서준 친구가 야반도주를 해버려서 사업과 집안이 엉망으로 휘청거리기 시작한 것이다. 친한 친구의 보증을 서준 대가로 받아온 그림 한 점이 가짜 〈풍죽도〉였다. 아버지는 속은 것을 알았지만 그 가짜 고서화를 집 안에서 가장 잘 보이는 곳에 두셨다. 어머니가 그 그림을 볼 때마다 속상한지 외면하다 못해 치워버리면 아버지는 어떻게든 찾아서 다시 걸어놓곤 했다. 몇 번이고 그런 실랑이를 하다가 하루는 그림을 걸면서 아버지가 어머니에게 크게

화를 내셨다. "이것이 있으니 내가 버티는 거야!"라면서.

그 이후 어머니는 그것에 손대지 않으셨다. 우리 가족들은 그 그림이 있어 그나마 생계를 이어간다고 믿으려 애를 썼다. 아마 아버지는 그 그림을 찾으러 친구가 꼭 올 것이라는 신앙에 가까운 믿음을 가진 것 같았다. 그러나 끝내 친구 분은 나타나지 않았다. 우리 가족이 쇠락의 길로 들어서 하루 한 끼가 아쉬워질 지경에 이르렀을 때, 어머니가 그 고서화를 어떤 식으로 처리했는지 아버지는 굳이 캐묻지 않으셨다. 그 이후 가짜 〈풍죽도〉는 우리 집에서 사라졌다.

나는 〈풍죽도〉를 바라보는 아버지의 그 눈을 좋아했다. 때론 그림을 바라보며 혼자 중얼거리기도 하셨다. "흠, 볼수록 좋아."

아버지는 가짜와 진짜를 감별하는 지식이 없어 속은 거지만 그림에서 뿜어져 나오는 품격은 감지할 수 있는 능력이 있으신 것 같았다. 그림의 본질을 느낀 건 아닐는지. 바위에 뿌리 내린 〈풍죽도〉의 기상을 느끼며 하루하루를 버티려 애쓰신 건 아닌지. 친구에 대한 진정한 믿음이 어떤 것인지 보여주려고 더, 그 고서화에 애착을 가지셨는지도 모르겠다.

나는 어릴 적 가짜 〈풍죽도〉에서 아버지의 비애를 헤아리곤 했다.

〈풍죽도〉의 대나무는 바람에 흔들리는 대나무가 아니라 아예 바람을 품어버린 대나무다. 가두어지기 싫어하는 바람은 자신의 모습이 형상화되는 걸 마다한다. 견고한 틀 속에 들어가기를 거부하는 바람은 마치 거꾸로 흐르는 피처럼 역류하기도 하는 것이다. 바람은 어쩌면 심해의 가장 깊은 곳에서 사육되고 있었는지도 모른다. 그렇기에 때론 눅눅한 물기를 묻혀오지 않는가. 빙하에서 사막까지 '거리'를 넘나들며 시대를 초월한 '시간'이라는 절대적 존재 위에 군림하는 것처럼 보이는 바람, 아무도 그 정체를 모른다. 단지 추정될 뿐이다. 이러한 바람을 이정은 〈풍죽도〉 안에 가두어버린다. 댓잎으로 바람을 형상화했으며 마디마다 바람 소리를 채워 넣었다. 범상치 않은 기개와 배포가 느껴지는 그림이어서 내 마음을 사로잡은 것이었다. 그런 귀중한 그림이 5만 원권 신권에 아로새겨져 있었으니…….

〈풍죽도〉가 5만 원권 신권에 후광으로 선택된 이유가 분명 있을 터였다. 왜일까에 대해 몇 날 며칠을 골몰했다. 세종대왕의 현손이었던 이정이 이 그림을 그려서였을까. 그것도 아마 연관은 되었을 게다. 그러나 후련하지 않았다.

이 고서화가 보관된 곳이 어디일까를 고심하다가 간송미술관이라는 데 생각이 미치자 무릎이 탁 쳐졌다. 결론은 간송 전형필(1906~1962)에 있었다.

그는 일제강점기에 10만 석지기 조선 갑부였다. 현재 시세로 대략 6천억 원이란 돈을 문화재 수집에 쏟아 부은 전설적인 인물이기도 했다.

그 당시 전형필은, 조선인들에게는 쌀 한 됫박으로 목숨을 팔고 사는 시절에 '금전옥답을 팔아 사금파리를 사는 바보이거나 미친놈'으로 손가락질받았으며 일본인들에게는 '나라도 없이 골동품을 사 모으는 주제넘은 놈'으로 무시를 당했다.

누가 뭐라 하건 우리의 문화유산이 샅샅이 일본인 손에 사라져가는 절박한 상황에서 전형필은 자신의 일생을 건 소리 없는 싸움을 시작하기로 결심한다.

그렇게 하기까지 그의 배후에는 세 사람이 있었다. 고서화 감식안을 길러주고 정확하게 판독하게 한 춘곡 고희동 선생과 역사 의식을 확고하게 심어준 위창 오세창 선생, 그리고 문화재를 수집하는 데 손발이 되어준 정직한 사람 이순황이 그들이었다. 한 사람의 인품을 알아보는 데는 주변의 어떤 사람과 친분을 쌓고 있느냐가 가장 중요한 기준이 된다. 그들의 만남은 암울하고 절망적이던 시기에 우리 민족에게 내린 희망의 빛줄기였다.

예리한 지성은 무릇 사람들이 놓치고 가는 먼지에서 역사의 부피와 무게를, 그리고 아름다움을 찾아낸다. 그가 바로 전형필이다. 전형필은 우리의 막사발에서 적막하고 깊은 울림을 들을 줄 알았다. 낡은 책에서 역사의 냄새를 맡아낼 줄 안 것이다. 그는 우리 산, 우리 물의 아름다움과 공기의 흐름까지 꿰뚫어 보고 있었던 것이었다. "우리의 문화재는 강경명정剛硬明正하다"라고 그는 한마디로 요약했다. 이 말은 우리 국토가 화강암으로 되어 있어 민족성에 암석 기가 있으며 사계가 분명하여 경계가 분명한 성정을 지녔다, 그렇기에 우리 문화재는 고유의 빛깔을 가질 수 있었다는 것이다. 대단한 자부심이었다.

우리의 것을 거둬들이기 위한 그의 노력은 그래서, 필사적이었다. 그의 문화재 수집에 관한 유명한 일화 중 하나는 영국인 변호사 존 개즈비의 수장품을 사들이기 위해 비행기까지 전세 낸 일이었다. 개즈비의 수장품 20여 점(〈청자원숭이형연적〉 〈기린형향로〉 등)을 사들이려고 공주 일대 5천 석의 땅을 팔았다고 했다.

이 세상에 단 한 권뿐인 『훈민정음 해례본』의 가치를 알아본 그는 낙찰가의 열 배나 되는 웃돈을 얹어주며 사들였다. 『훈민정음 해례본』이야말로 훈민정음의 제작 원리를 밝혀놓은, 훈민정음이 세계 유일한 문자임을 증명한 자료였는데 그는 그

귀중한 우리의 문화유산을 제값 주고 지켜낸 것이다.(1997년 유네스코 세계기록문화유산으로 지정.) 그때 그가 한 말은 "가치 있는 것은 가치에 걸맞은 대우를 받아야 한다"였다고 한다.

가장 극적인 순간은 1936년 1월 경성 구락부에서 〈청화백자양각진사철재난국초충문병〉(국보 294호) 등 200여 점이 경매로 나왔을 때였다고 간송의 둘째 아들 전성우는 회상했다.

"일본인 거상과 경매가 붙었는데 아버님은 버틸 때까지 버텨 값을 끌어올렸지요. 결국 낙찰을 받게 되었습니다. 그때 경매장에 있던 모든 조선인들이 울음을 터트렸어요. 그리고 목이 쉬도록 만세를 외쳐대었습니다."

나라를 잃고 우리 문화재마저 빼앗길 수 없다는 간송의 이를 악문 사투였던 것이다. 우리의 삶과 영혼을 갈기갈기 찢고 내몰아 폭쇄爆碎시킨 일본에 대한 결사 독립 항쟁을 간송은 그런 식으로 벌인 셈이었다. 그에게 돈은 민족의 자존심과 민족혼을 수집하기 위해 존재할 뿐이었다.

〈풍죽도〉, 그런 그가 선택한 고서화였다.

어쩌면 〈풍죽도〉는 간송 전형필, 그 자신의 모습일 거라는 생각이 들었다. 시절을 탓하고 세속의 명리를 좇아 예사로이 훼절毁節이 난무할 때 뼈를 삼키는 인고를 견뎌낸 그는 대나무를 닮아 있었다. 대나무가 이끼 낀 바위에 뿌리를 내린 것도 어떤 역경이 닥치더라도 근본에서 유리流離되거나 뜻을 굽히지 않고 견디어내겠다는 의지意.志의 발상일 것이었다. 먹빛의 댓잎은 가슴으로 번져오는 수묵의 세계, 수평의 고요한 마음자리일 터였다. 세찬 바람을 맞이하는 자세가 저항하기 위함이 아니고, 품어내기 위한 대인군자의 자세였을 것이었다.

〈풍죽도〉가 5만 원권 신권 안에서 다시 살아난 것이 내겐 큰 의미로 다가왔다. 돈을 세상에 내놓음은 간송의 정신이어야 한다는 것이다. 나에게는, 가족을 지켜내려는 아버지의 마음도 새긴다는 바람도 있다. 자존심을 위해 사용하되 자기 자신만을 위하지 말라는 것이다.

덧붙이자면, 5만 원을 사용하는 데도 신사임당처럼 온화한 마음가짐으로 지혜롭게, 매화 향내처럼 그윽하게 쓸 수만 있다면 참으로 풍족할 것이다.

'돈'을 바라보는 내 마음을 예전과 달라지게 한 5만 원권 신권을 이젠 두 손으로 공손히 펼쳐든다. 순간 내 손 가득 60년 만에 딱 한 번 핀다는 대나무 꽃이 소담하게 피어나는 것 같다.

신경자

신경자
2004년 「노란 고무밴드」로 〈전북도민일보〉 신춘문예 수필 부문에 당선되며 등단했다.
「그 집 앞」 「화해」 「지난여름」 등 다수의 작품을 발표했다.

뚜비

봄볕이 마른 풀숲에 부서지는 주말이었다. 강물이나 보자고 혼자 나선 나들이길이었다. 강물이 꼬부라드는 즈음에 볏짚 더미를 뒤집어쓴 녀석이 어슬렁거리고 있었다. 하마터면 칠 뻔했다. 나는 그러려니 했다.

서너 시간 후 돌아오는데 아직도 녀석이 둑에서 배회한다. 예사롭지 않다 싶어 차를 세워 다가섰다. 다가서는 보폭만큼 물러서며 잔뜩 경계하는 눈치다. 다가서면 물러서기를 서너 차례 반복한 끝에 비로소 붙들었다. 털북숭이 속에 가슴뼈가 앙상하게 집혔다. 인적 드문 꼬부라진 둑길 끝에는 개미 하나 보이지 않았다.

긴 강둑을 달려오는 내내 녀석은 옆 좌석에서 겁에 질린 듯

두리번거렸다. 녀석은 그렇게 내게 왔다. 남편은 데리고 살자는 내 말을 두말없이 따랐다. 딸애는 좋아 죽는다. 제 동생과 쑥덕거리더니 금방 '뚜비'라고 이름 지었다. 그러나 녀석은 편치 않나 보다. 고2 아들이 인터넷을 뒤져보더니 혈통 좋은 슈나우저란다.

동네 병원에 들렀다. 수의사는 이것저것 주사를 놓고 치아를 살피더니 두어 살은 되겠다며 유기견이란다. 영양실조라면서 잘 먹이라고 당부하였다. 빠듯한 생활비를 쪼개어 치료비를 지불하고 사료와 집을 샀다. 털을 깎았더니 귀가 우뚝한 숙녀다.

새 집과 푹신한 잠자리가 낯선가 보다. 밥그릇 곁에는 얼씬도 하지 않는다. 그저 빤히 나를 쳐다보았다. 검은 눈망울로 애원하듯. 젖은 눈이 나를 짠하게 했다. 버리고 간 손모가지가 곁에 있다면 꽉 잘라버리고 싶다.

"말 못하는 짐승이라고…… 산목숨인 것을……."

첫 밤을 새운 아침, 밥그릇이 조금 비어 있었다. 하루 이틀 지내자 마음이 열리는지 거실을 기웃거리고 구석구석 킁킁거리며 다닌다.

서너 주일이 지났다. 내게만 정이 붙는지 발길에 채여 청소기를 들 수가 없다. 귀찮다 싶다가도 까만 눈과 마주치면 예뻐 보였다. 그래도 창밖을 멀거니 바라보는 모습을 보면 옛 주인을 생각하나 싶어 마음이 불편했다.

모질게 마음을 먹고 만경강으로 향했다. 유기견이 아니라 이삿짐에서 철없이 뛰어내려 집을 잃은 거라고 생각하기로 했다. 다시 제자리에 놓아두면 주인이 찾아가리라 생각했다.

강둑은 인적이 없고 벚나무 빈 가지가 강바람에 흔들렸다. 녀석을 내려놓고 매몰차게 차를 돌려세웠다. 녀석이 백미러 속에서 숙어라고 달려왔다. 그 짧은 다리로.

차를 세웠다. 안았더니 가슴이 콩콩 뛴다. 헐떡이는 숨이 잦아들 즈음 물 잔을 내밀었다. 녀석이 조금 핥다 말고 빤히 나를 본다.

"이를 어쩌누."

또 한 번 상처를 주었나 싶으니 괜히 눈물이 났다. 집에 돌아온 녀석이 제집으로 쏙 들어간다.

계절이 바뀌었다. 외출에서 돌아오면 녀석이 펄펄 뛴다. 뛰어올라 볼을 핥으며 가슴을 파고든다. '왜 이렇게 늦게 왔냐' 하는 투정 같다. "볼일이 많아서 그랬지" 하며 귀에 대고 대답하면 알아들었다는 듯 검은 눈을 깜박거린다. 꼬리 치면 반기는 모습이 어느 식구만 할까. 먹는 것이 귀여워 육포 값이 아깝지 않다. 목욕탕에 앉혀놓으면 오도카니 나를 본다. 복더위에 시원한 것이 제 딴에는 천국 같을까. 드라이어로 말려주면

벌렁 누워 까분다.

　가을로 접어들자 샅에서 피가 흘렀다. 상처인 줄 알았더니 달거리였다. 수시로 샅을 핥는 게 남편 보기가 민망했다.

　"저놈의 기집애가……."

　종주먹을 대면서 다가가면 찔끔하고 제집으로 도망쳤다. 남편은 씨를 받자고 했다. 나는 단호하게 거절했다. 우리가 못 거두면 어느 손에 버림 받을지 알 수 없는 일이다. 발정이 수그러들었다. 너나 나나 귀찮기가 한이 없는 여자인 것을……. 나는 닭 조각을 고아 국물을 먹였다.

　계절이 또 바뀌었다. 딸애가 늦으면 잠을 자지 않는다. 남편 귀가가 늦으면 문 앞에서 기다리는 녀석이다. 벨 소리만 울리면 '후우후우' 휘파람인지 노래인지 알 수 없는 괴성으로 남편을 반긴다. 거들떠보지 않던 남편이 지금은 고기 조각도 떼어 주고 말도 건다. "공부 잘했냐" "잘 놀았냐" "심심하지 않았냐" 라는 등. 애들 들으란 소리일 게다.

　사람이나 짐승이나 오래 함께 지내다 보면 부대끼며 정이 드나 보다. 덤덤한 것이 맹물 같은 남편이 녀석을 안아주고 쓰다듬는 것이 신통하다.

　출근과 등교가 끝나고 북새통을 대충 정리한 아침, 뚜비를 품에 안고 컴퓨터 앞에 앉으면 알 수 없는 떨림과 울림을 느낀다. 생명을 향한 경외심이라면 너무 거창한 수사법이다. 아마 나도 손자 볼 나이에 가까워지나 보다.

　녀석이 내 집에 온 지 다섯 해가 넘었다. 그사이 수없이 만경강을 오갔으나 '뚜비'와 만난 지점으로 봄날 긴 해가 떨어지는 것을 딱 한 번 보았다.

월명암

　밝은 보름달은 두려움과 신비를 간직한다. 신라 여인들이 서라벌 달밤 늦게 탑돌이를 즐겼다는 기록은 달빛의 몽환적 분위기에 취한 때문이라는 것이 내 생각이다.
　내가 겪은 달밤 중에 변산 월명암 달밤이 가장 신비하고 몽환적이었다. 고등학교를 졸업한 그해 여름이었을 것이다. 친구들과 어울려 월명암에서 하룻밤을 자게 되었다.
　월명 뒤쪽 낙조대에서 해 떨어지는 광경을 눈이 아프게 바라보다가 그만 바다로 함께 떨어지고 싶은 충동을 느꼈다. 그럴 만한 이유도 없이. 아마 사춘기의 어린 객기였을 것이다. 절밥으로 저녁을 대충 때우고 잠자리에 들었는데 창호에 어리는 달빛이 꿈속 같았다. 부스스 일어나 토방을 내려섰다. 발아래 펼쳐지는 밤의 산안개가 바다 같았다. 낮에 본 산봉우리들은 안개에 싸여 마치 섬 같았다.

한여름이었는데도 등골이 선득거렸다. 그러나 잠은 오지 않았다. 얼마를 그대로 서서 안개 바다에 젖었는지, 그 인상이 지금도 새롭다. 머리 위에는 북극성이 영롱하였다. 아마 밤을 꼬박 새워 별을 우러러본 것 같다.

새벽에 이르러 새벽별이 솟는데 그 영롱함이 다이아몬드보다 더했으면 더했지 모자람이 없었다. 새벽 절간에서 처녀가 잠은 안 자고 별을 보며 부처님의 부다가야佛陀伽耶를 떠올린 것은 무슨 수작이란 말인가. 가보지도 못한 부다가야가 숲이 우거졌을 것이라는 생각을 그때 했다. 변산의 울울한 숲처럼.

그러면서 저 새벽별이 부처님께서 깨달음을 얻던 그때 그 별과 다르지 않다는 생각을 했다. 물에 잠긴 다이아몬드는 더욱 예쁘게 빛날 것 같았다. 날마다 해마다 저 별이 저 자리에 떴을 것임에도 그걸 모르고 잠에 빠졌던 나를 돌아보고 돌아보던 먼 기억이 새삼스럽다.

돌아와서 어쩌다 변소길에서 만난 새벽별을 보면서도 그때 월명암의 감흥은 되살아나지 않았다. 나는 그것을 아쉬워하면서, 가슴 아파하면서 나이를 먹어가고 남자를 만나 결혼을 하여 아이를 낳았다.

가끔 그 새벽별이 그립다. 마치 부처님이 부다가야의 별을 보듯.

월명암의 새벽별은 어느새 내 마음속에 그리움으로 자리 잡았다. 다시 한 번 그 시절로 돌아가 월명암에서 자보고 싶다는 그리움 말이다.

발아래 전개되는 달밤의 운무에 싸인 변산 봉우리는 섬이면서 작은 배였다. 밤새가 무연히 울었던 것 같다. 꿈속에 있는 듯 내가 나를 꼬집어본 것이 엊그제 같은데 벌써 강산이 두 번 바뀐 세월 저편의 일이다.

달 밝은 월명암에서 변산의 첩첩 산봉우리를 내려다보던 그때 내 어린 내면 의식에 젖어온 밤새 울음의 의미는 무엇이었을까. 밤이슬에 젖으며 한없이 유유자적하던 그 나이가 새삼 그립다.

안개에 싸인 산봉우리를 섬으로 알고 배를 저어가는 달밤의 나는 신선이 아니었을까. 밤새 소리는 아마 노 젖는 소리였을 것이다. 밝은 보름달은 두려움과 신비를 간직한다.

도서관
문학작가
파견
산문
———
르포

박영희

박영희
1985년 문학 무크지 〈민의〉에 시 「남악리」 등을 발표하면서 작품 활동을 시작했다. 시집 『즐거운 세탁』 『팽이는 서고 싶다』 등을 펴냈으며, 기행 산문집 『만주를 가다』와 르포집 『내 마음이 편해질 때까지』 『만주의 아이들』 『보이지 않는 사람들』 등을 저술했다.

고속도로 위 바람집

줄을 서서 기다리던 승용차 한 대가 4번 부스 앞에 멈춰 섰다.
"반갑습니다, 고객님. 만 원 받았습니다."

운전자로부터 고속도로 통행권과 돈을 받아 든 김수진 씨 (37)의 손놀림이 바빠졌다. 운전자가 내민 통행권을 단말기에 주입하자 손수건 크기의 화면에 차량 번호, 출발지, 징수 요금 내역이 동시에 나타났다.

"거스름돈 6,400원입니다. 좋은 하루 되십시오."

평일인데도 차량은 꼬리에 꼬리를 물었다. 덩달아 김씨의 입과 손도 기계처럼 움직였다. 순간, 인간의 손이 기계적으로 움직인다는 말이 실감나게 다가왔다. 그러고 보니 김씨는 초를 다퉈가며 일하는 사람이기도 했다. 내친김에 손목시계를 풀어 시간을 재보았다. 차량 한 대당 고속도로 통행료를 징수하는 데 걸린 시간은 11초에서 14초. 잠시 머릿속으로 셈을 해보았다. 하루 1,700여 대의 차량을 이런 속도로 처리한다고 했다.

한 평이 채 될까 말까 한 부스에 들어온 지 10분가량 지나서였다. 통행권 기기에서 전자카드 기기로, 정액권 기기에서 영수증 기기로 쉴 새 없이 오가던 김씨의 손이 동작을 멈췄다. 시동을 건 채 차례를 기다리는 차량들 때문인지 부스 안은 매캐한 냄새가 가시질 않았다. 그제야 뒤를 힐끔 돌아보던 김씨가 겸연쩍게 웃었다.

화분에서 피는 꽃으로는 어렵다

"매연 냄새 많이 나지요? 바람이 반대 방향으로 불면 그나마 조금 낫지만 오늘처럼 부스 쪽으로 불어오면 속이 메스꺼울 때도 있어요. 소음도 만만찮아요. 출퇴근 시간 때면 귀가 먹먹해져요."

그러면서 덧붙이기를 그는 일주일에 두 번 정도 돼지고기를 먹는다고 했다.

"폐와 기관지를 보호하려면 생수와 삼겹살은 기본이에요. 대추, 도라지, 생강차도 수시로 마셔야 하고요."

이번에는 집채만 한 화물차가 들어왔다. 의자에 앉아 일을 하던 김씨가 살짝 엉덩이를 들더니 왼손을 쭉 뻗어 내밀었다. 승용차는 아래로, 화물차와 대형 버스는 손을 위로 뻗어야 통행권과 돈을 건네받을 수 있다.

"통행료 징수가 단순한 업무인 데 반해 운전자들과의 마찰이 심심찮게 일어나요. 하루 평균 두세 건 정도? 그중 가장 속을 썩이는 문제가 봉행권을 뽑아오지 않거나 분실한 운전자들로 인해 생겨나는 것들이에요."

바로 이럴 때, 차량 한 대당 11~14초가 걸리는 징수 업무는 1분 이상 걸린다. 문제는 거기서 끝나지 않는다. 톨게이트가 한산할 때면 또 모를까 차량들이 꼬리를 무는 주말과 공휴일에 이런 일이 발생하면 그야말로 난리가 난다.

"어휴, 운전자들이 내뱉는 욕설을 어떻게 제 입으로 다 말할 수 있겠어요. 빵빵거리는 경적에 삿대질은 예사고요, 심할 땐 통행권과 돈을 획 던지고 가는 운전자들도 있어요."

운전자들이 뱉어내는 욕설은 상상을 초월한다. '××년'은 이제 흔히 듣는 일상적인 말이 돼버렸고, 왜 그 따위로 일을 하느냐, 그럴 거면 당장 때려치워라, 심지어는 본사에 민원을 넣어 직원을 교체하라며 으름장을 놓는 운전자들도 있다고 한다.

"운전자들의 바쁜 마음을 십분 이해한다고 하더라도 너무 일방적으로 당할 때는 화가 나요. 특히 제 동생 또래의 청년들한테 욕설을 들으면 앞이 캄캄해져요."

그렇다고 달리 해결할 방법이 있는 것도 아니다. 운전자는 고객이고 김씨는 시종 웃음을 잃어서는 안 되는 서비스 업종에서 일하고 있기 때문이다. 해서 그는 아무리 화나는 일이 생기더라도 겉옷에 묻은 먼지를 털 듯 훌훌, 되도록 빨리 잊어버리려 애쓴다고 했다. 운전자들 입장에서는 한바탕 퍼부은 뒤 부르릉 떠나면 그만이지만 그로서는 아직 마쳐야 할 일과가 남아 있는 것이다.

"화분에서 피는 꽃으로는 어렵다고 할까요. 늘 웃음을 잃지 않는, 돌에서 피어나는 부처의 미소가 되지 않고는 누구도 이 일을 버텨낼 수 없어요. 10초 뒤에, 다시 10초 뒤에 새로운 고객을 상대해야 하거든요."

남성 운전자들의 말, 말, 말

김씨가 겪는 심적 고통은 그것 말고도 또 있었다. 요금 징수가 왜 이리 늦느냐며 버럭 화를 내는 운전자를 시작으로 명함을 건네는 남자, 전화번호를 알려달라는 남자, 다음에 밥을 같이 먹자는 남자, 헤어스타일이 마음에 든다는 남자, 참하게 생겼다며 너스레를 떠는 남자……. 운전자들에게 이런 소리를 들으면 기분이 어떠냐고 묻자 김씨는 씁쓸한 표정을 지어 보였다.

"고속도로를 오가는 운전자 중 열에 여덟이 남자들인데, 좋을 건 없지요. 엄밀히 말하면 상대를 깔보는 접대용 말들이잖아요. 성희롱이나 다름없고요. 반면에 고생한다며 음료수나 과일을 주고 가는 고객도 있어요."

바람처럼 나타나 바람처럼 사라지는 운전자들의 행태는 거기서 끝나지 않는다. 징수 업무와 전혀 별개의 일이 버젓이 눈앞에서 벌어지기도 한다.

"3년 전 이 일을 시작할 때 저도 깜짝 놀랐어요. 톨게이트에 쓰레기를 버리고 가는 운전자들이 얼마나 많은데요. 그것도 당당히 버리고 가요."

물론 징수 업무를 하다 보면 본의 아니게 난처한 입장에 처할 때도 있다. 다름 아닌 국가유공자와 장애인 등이 소지한 감면 카드를 받을 때다. 1997년 복지 차원에서 시행된 감면 카드 제도는 차량 번호와 할인 식별 표지, 그리고 본인의 탑승 여부를 직접 확인해야 하는데 그때마다 김씨는 죄를 짓는 기분이라고 했다.

"입사하고 열흘쯤 지나서였어요. 업무 수칙대로 차량 번호와 할인 식별 표지, 본인의 탑승 여부를 확인하려는데 고객이 대뜸 이렇게 말하지 않겠어요. 왜 그런 눈으로 쳐다보느냐, 몇 푼 되지도 않는 감면 혜택 받으면서 몹시 불쾌하다."

그러나 이 또한 따지고 보면 김씨의 잘못만은 아니다. 더구나 감면 카드는 톨게이트에서 가장 시간을 많이 끄는 경우 중 하나로 운전자들과 얼굴을 붉히는 일이 잦은 편이다. 감면 카드를 발급받은 운전자는 반드시 차량에 탑승해야 하지만 그게 잘 지켜지지 않는다고 할까. 실제로 한국도로공사에 따르면 지난해 감면 카드 부정 사용 차량 경우만도 8,000여 건에 달한다고 했다. 그중 감면 카드를 타인에게 빌려준 사례가 가장 많았으며, 다음으로는 비할인 차량을 이용하면서 할인을 요구하는 경우, 그리고 장애인 차량 식별 표지를 부착하지 않은 순으로 나타났다.

"감면 카드 업무가 힘든 건 사실이에요. 탑승자를 직접 확인하는 일도 쉽지 않고요. 특히 탑승한 장애인과 눈을 마주칠 때는 얼굴이 화끈 달아오르기도 해요. 승용차일 경우 본의 아니게 위에서 아래로 내려다보는 입장이 되잖아요. 장애인의 입장에서 보면 저의 그런 행동이 몹시 언짢은 것은 사실일 거예요."

하지만 문제는 미꾸라지 한 마리가 온 개천을 흐려놓는 것처럼 다른 운전자들에게 피해를 주는 얌체족이 날로 늘어나고 있다는 점이다. 이에 대해 김씨는 달리 방법을 찾을 길이 없다며 속상해했다.

"매번 느끼는 거지만 속상해 죽겠어요. 몇몇 운전자 때문에 차량이 밀리고 그 욕을 고스란히 제가 떠안는 셈이 되잖아요."

은행과 톨게이트 번호표는 뭐가 다른가

그런데 이상하다고 했다. 은행에서는 번호표를 뽑고 잘들 기다리면서 왜 톨게이트에서는 화부터 내느냐며 따져 물었다. 듣고 보니 틀린 비유는 아니었다. 운전자들 사이에 부주의로 인해 빚어진 일인데 그 몰매를 톨게이트에서 일하는 직원들이 대신 맞는 것이다.

두 시간에 한 번꼴로 업무 교대를 한다는 수진 씨와 함께 지하 통로(톨게이트에서 일하는 직원들은 지하 통로로 출퇴근을 한다)를 통해 사무실로 돌아왔을 때다. 초등학생 딸을 둔 그가 휴가 이야기를 꺼냈다.

"휴가철이 끝나갈 무렵이었어요. 어느 날 딸이 잔뜩 찌푸린 얼굴로 이렇게 묻지 않겠어요. 엄마는 언제쯤 휴가를 받느냐고. 순간 가슴이 뜨끔했어요. 휴가는 고사하고 두 달이 지나도록 딸과 함께 대구를 벗어난 적이 없었거든요. 점수로 치면 50점짜리 엄마나 될지 모르겠어요."

비단 이것은 김씨만 겪는 일이 아니었다. 함께 자리한 이성자 씨(52)에 따르면 '복불복'이라고 했다.

"1교대는 오전 6시부터 오후 2시까지, 2교대는 오후 2시부터 10시까지, 그리고 3교대는 밤 10시부터 다음 날 오전 6시까지 근무를 해요. 사정이 이렇다 보니 가족들과 함께 휴일을 보내는 건 엄두도 못 내요. 그나마 생일이라도 챙겨줄 수 있다면 천만다행이라고 할까요. 남들 다 가는 휴가라든지, 명절을 잊고 산 지 오래됐어요. 8년 동안 근무하면서 명절에 딱 한 번 시댁에 갈 수 있었는데 그야말로 복불복에서 히든카드를 집어든 해였지요."

서대구 톨게이트에서 일하는 직원 68명 중 미혼은 두 명뿐, 나머지는 사십 대 중반의 아주머니들이다. 그 때문이었을까. 휴가와 명절 이야기가 나오자 김씨는 근무 도중 휴가를 다녀오는 가족들을 보면 부러운 마음이 먼저 든다며 한숨을 내쉬었고, 맏며느리 이씨는 가족의 이해 없이는 이 일을 하기 어렵다며 시댁 식구들에게 용서를 구하기도 했다.

"주 5일 근무를 하는데도 가족들과 시간 맞추기가 참 어려

워요. 주일과 공휴일에 쉬는 것은 하늘의 별 따기나 다름없고요. 그러니 어떡해요, 미운 오리 짓을 했으니 용서를 구할 수밖에요."

20년 가까이 주부로만 지내다 남편의 사업이 어려워지면서 입사를 결심했다는 이성자 씨, 뜻밖에도 그의 입에서 가축 차량 이야기가 튀어나왔다.

"정산을 마친 가축 차량이 막 출발할 때였어요. 짐칸에 실린 소가 그만 똥을 싸고 말았는데 하필 그 똥을 내가 뒤집어썼으니 꼴이 어땠겠어요. 사흘이 지났는데도 냄새가 가시질 않아 애를 먹었어요. 소나 돼지, 닭을 싣고 다니는 가축 차량들이 그래요. 소가 꼬리로 후려치는 바람에 얼굴을 맞은 동료도 있는걸요."

잊을 만하면 되살아나는 지난 기억들 때문인지 이씨의 경험담에 김씨가 맞장구를 쳤다.

"맞아요. 가축 차량은 여름철에 더 힘든 것 같아요. 이건 냄새가 아니라 악취거든요. 그뿐인 줄 아세요. 개를 실은 차량이 톨게이트로 들어서면 등골이 오싹해져요. 운전자는 앞에 타서 잘 모르겠지만 징수 업무를 하는 저로서는 그 개들과 눈을 마주쳐야 하잖아요."

하긴 이 지역과 저 지역을 연결해주는 통관 문에서 일을 하는지라 경험담이 한두 가지가 아니었다. 이번에도 역시 이씨가 먼저 말문을 열었다.

"3교대 근무가 제일 힘든 것 같아요. 줄어든 차량에 관계없이 졸음을 참아가며 밤을 꼬박 새운다는 게 쉽진 않잖아요. 바람이 심한 날은 을씨년스럽기까지 해요."

사람 대 사람

아닌 게 아니라 11월로 접어드는 지금, 톨게이트에는 바람이 몹시 불었다. 고삐 풀린 망아지마냥 바람이 사방을 헤집고 다녔다. 다음 날 밤에 다시 찾아가 확인한 사실이지만 고속도로에 세워진 부스는 '바람집'을 연상케 했다. 톨게이트 인근 어디에도 인가는 보이지 않았다.

이씨에 이어 이번에는 김씨가 말을 받았다.

"3교대 근무를 마쳤다고 해서 일과가 끝나는 건 아니에요. 퇴근과 함께 재빨리 주부로 돌아가야 해요. 저 같은 경우는 7시경 집에 도착해 아침밥을 지은 뒤 남편과 딸을 내보내는데, 설거지에 세탁까지 마쳐야 비로소 일과가 끝나요."

새벽 출근도 예외일 수 없다. 두 사람 모두 새벽 4시 반경 기상해 아침 식사 준비를 마친 뒤 출근한다고 했다. 하지만 이런 일쯤은 한국의 어느 주부나 겪는 거라며 크게 마음에 두지 않았다. 대신 두 사람이 동시에 입을 모은 건 '사람 대 사람'이었다.

"고속도로를 오가는 운전자들에게 꼭 당부하고 싶은 게 있습니다. 더도 말고 덜도 말고 톨게이트에서 일하는 직원들을 사람 대 사람으로만 대해달라는 것입니다. 수고한다며 먼저 인사를 건네는 운전자를 만나면 일과가 끝나는 시간까지 마음이 따뜻하지만 괜히 깔보려 들고 업신여기는 말투로 상대를 아프게 하는 운전자를 만나면 밥을 먹을 수가 없어요."

뜻밖이다 싶었다. 다른 사람도 아니고 서대구 톨게이트에서 '고참 언니'로 통하는 이씨의 입에서 이런 말이 나온 것이다. 그리고 보니 오래오래 묻어두었던 어머니의 아픈 고백을 아무런 준비 없이 듣는 것 같았다.